나는 왜 성공이 없는가?

성공을 만드는 힘 '역량(力量)'

나는 왜 성공이 없는가?
성공을 만드는 힘 '역량(力量)'

초판 1쇄 발행 2024년 1월 12일

지은이 장창수
펴낸이 장길수
펴낸곳 지식과감성#
출판등록 제2012-000081호

교정 주경민
디자인 이현
편집 이현, 김초롱
검수 한장희
마케팅 김윤길, 정은혜

주소 서울시 금천구 빛꽃로298 대륭포스트타워6차 1212호
전화 070-4651-3730~4
팩스 070-4325-7006
이메일 ksbookup@naver.com
홈페이지 www.knsbookup.com

ISBN 979-11-392-1583-0(03190)
값 17,000원

- 이 책의 판권은 지은이에게 있습니다.
- 이 책 내용의 전부 또는 일부를 재사용하려면 반드시 지은이의 서면 동의를 받아야 합니다.
- 잘못된 책은 구입하신 곳에서 바꾸어 드립니다.

지식과감성#
홈페이지 바로가기

나는 왜
성공이 없는가?

장창수 지음

성공을 만드는 힘 '역량(力量)'

성공의 요건인 행운을 오게 하려면 먼저 역량이 갖춰져야 합니다.

지식과감성#

프롤로그

　사람에 대한 평가방식으로 가장 일반화된 모습이 '지능 검사(Intelligence Quotient Test)'입니다. 많은 이들이 지능 검사 결과에 민감하죠. 그렇다면 지능 검사는 왜 하는 것일까요?

　지능 검사의 일차적 목적은 수학 능력이라고도 하는 '공부를 잘할 수 있는가?'를 평가하는 것입니다. 그러면 왜? 공부를 해야 할까요? 공부를 잘해야 하는 목적은 성공하고자 하는 데 있습니다. 즉, 지능 검사의 근본적인 목적은 '성공'입니다.

　최근에 많이 진행되는 평가 중에 MBTI 검사가 있습니다. 이른바 '성격 유형 검사'입니다. 성격 유형을 평가하는 목적은 무엇일까요? 재미 삼아서 한번 해 보는 것은 아닐 것이고, 그 근본적인 목적 또한 성공에 있습니다. 본인의 성격 유형을 찾고 그에 적합한 삶을 살아 성공에 이르라는 것입니다.

이 외에도 사람들에 대한 평가와 조사 기법은 넘쳐 납니다. DISC, MMPI, 다중 지능 검사 등과 회사에 입사할 때 진행하는 인성 및 적성 검사, 이 수많은 평가의 목적은 어디에 있을까요?

궁극적으로 성과를 창출하고 성공에 도달할 수 있는지를 평가하는 것입니다.

그렇다면 왜 지금까지 성공할 수 있는 사람인지, 아닌지를 판단할 수 있는 종합적인 평가 기법이 만들어지지 못한 것일까요?

물론 역사 이래로 성공에 관한 연구는 끝없이 이루어져 왔습니다. 그 똑똑한 소크라테스와 그 제자들은 이런 고민을 하지 않았을까요? 역사적인 영웅들을 연구하여 '그레이트 맨 이론(Great Man Theory)'을 만들었던 학자들은 성공의 요인을 무엇으로 보았을까요?

심리학의 초석을 다진 프로이트(Sigismund S. Freud)도 같은 고민을 하여 성공에 이르게 하는 요인들을 일부 구성하였지만, 그것의 대다수가 무의식 속성이기에 그것을 평가할 수 있는 방법은 구체화하지 못했습니다.

1950년대 들어 하버드 대학 심리학과 데이비드 매클렐런드(David C. McClelland) 교수는 조직 내에서 고성과를 올리는 사람들의 특성을 연구하였고 이를 '역량(Competency)'이라고 발표하였습니다. 이는 성과를 올리는 사람들이 가지고 있는 내적 특성 즉, 무의식을 측정할 수 있는 방법론을 구체화하였다는 의미입니다.

그래서 탄생한 것이 '역량평가(Assessment Center)'입니다. 역량평가는 '이 사람이 성과(성공)를 낼 수 있느냐?'에 초점을 맞춘 평가 기법입니다. 즉, 지금까지 이루어지고 있는 모든 평가의 결정판이 만들어진 것입니다.

저는 운이 좋게 하버드 대학 매클렐런드 교수가 설립한 매클렐런드 센터(헤이그룹으로 회사명이 바뀜)에서 근무하면서 역량에 대한 개념과 역량평가의 구체적인 모습들을 경험할 수 있었습니다.

최근 사람에 대한 평가의 대세는 역량평가입니다. 전 세계의 모든 국가에서 활발하게 이루어지고 있고 우리나라에서도 2006년 정부의 고위공무원단 선발 방법으로 채택되면서 국내에 본격적으로 선을 보였으며, 이후 정부와 공공기관, 민간 기업에서 승진평가와 신입사원 채용 시에 사용되고 있습니다.

대학 입시에서 사용되었던 '입학사정관제', 공공기관 신입사원 선발을 위해 사용된 'NCS(국가역량표준)' 등이 역량에 기반을 둔 평가 방식의 예입니다.

그러나 여기에 큰 의문이 하나 남습니다. "성공을 위해서 역량이라고 말하는 '지능, 성취, 관계, 리더십' 등의 무의식적 특성만 갖추면 되느냐?"입니다.

결론은 그렇지 않습니다.

예를 들어 비렁뱅이처럼 살던 사람이 금광을 발견하여 떼돈을 버는가 하면, 완벽한 지성을 지녀 성공한 사람이 패가망신하는 경우들을 보게 되는 등 성공을 이루기 위해서는 현재 과학의 산물인 역량이라는 특성 외에도 알 수 없는 요인이 작용하고 있음을 알 수 있습니다.

그 알 수 없는 요인이 바로 '행운(Luck)'입니다. 하지만 행운은 누구에게, 언제 올지 알 수 없습니다. 사람의 성공 요인을 연구한 수많은 학자들은 행운이라는 친구 앞에서 허탈했을 것입니다. 행운은 전혀 다른 관점의 연구 영역이기 때문입니다.

운은 누구라도 인정하는 성공의 결정적 요인이지만 과학적으로 규명해 내지 못한, 신묘한 세계입니다. 역사적으로 학자들은 운이 에너지(기운)의 작용이라는 것을 알아내었고 그래서 최근에는 '양자물리학'이라는 학문에서 운에 관한 연구가 이루어지고 있습니다.

제가 성공과 역량을 고민하면서 하나 더 깊이를 더한 것이 바로 행운입니다. 누구라도 알고 있지만 과학적으로 풀지 못한, 누구라도 맞이하고 싶은 행운을 역량의 관점에서 바라보았고 그래서 양자물리학을 기웃거렸습니다.

운은 무엇에 의해 만들어질까요?

재미있게도 운을 부르는 요인은 '역량'입니다.

"하늘은 스스로 돕는 자를 돕는다."라는 말이 있습니다. 스스로 하지 않으면 결코 하늘에서 주는 운도 오지 않는다는 의미입니다. 성공의 요건인 운을 오게 하려면 먼저 역량이 갖춰져야 합니다.

본 책에서는 성공에 이르게 하는 행운과 성공하는 사람이 지녀야 하는 핵심적인 네 가지 역량인 지능, 성취, 관계, 권력에 대한 이야기를 다루고 있습니다.

여러분들의 성공을 기원합니다.

양평군 용문면 중원계곡에서
장창수

목차

프롤로그   4

1부
성공을 이끄는 신묘함

1. 운은 누구에게?   24
2. 운은 어디로?   37
3. 운은 언제?   46

2부
성공으로 가는 과정

1. 성공 공식   54
2. 생각, 사고   67
    1) 외적(환경적) 요인   67
    2) 내적(유전적) 요인   92

3부
성공의 핵심, 역량(Competency)

1. 지능, 똑똑함   106
    1) 분석과 파악   121
    2) 사고와 추리   132
2. 성취, 열정, 끈기   160
3. 권력, 리더십   181
4. 관계, 공감   198

4부
역량 개발

1. 개발, 변화   216
2. 지능 개발   234
3. 동기 개발   244

에필로그   254

 **SUCCESS**

1부

성공을 이끄는 신묘함

지구상의 모든 사람은 성공(成功)을 꿈꾸며 삽니다. 개인별로 성공의 기준과 크기는 다를지라도 인간은 본능적으로 타인들보다 우월한 삶을 원합니다. 공부를 잘하는 것, 명성을 높이는 것, 돈을 많이 버는 것, 스포츠를 잘하는 것, 타인을 즐겁게 하는 것 등등 우리의 주변에는 성공을 원하는 사람들로 가득 차 있습니다.

미국의 저술자이자 강연자인 얼 나이팅게일(Earl Nightingale)은 "성공은 가치 있는 이상(理想)의 진보적 실현이다."라고 정의하였습니다. 말이 어렵기는 한데 풀어 본다면 '개인이 추구하는 가치의 실현'이라고 말할 수 있겠고 조금 더 들어가 본다면 가치(價値)라는 글에 초점을 맞출 필요가 있습니다.

가치라는 말은 값 가(價), 값 치(値)라는 한문으로 형성된 글자입니다. 즉, '본인이 가장 값어치 있게 생각하는 그 무엇'이라고 풀이하면 적절할 것 같습니다. 여기에 볼 관(觀) 자만 붙이면 '가치관'이 되는 것입니다. 많은 사람들은 본인이 가장 값어치 있게 여기는 그 무엇을 달성하기 위해 제2의 이해진(네이버 창업자), 봉준호(영화감독), 유재석(개그맨), 손흥민(축구선수)을 꿈꾸며 학교로 학원으로 시간과 비용을 투자합니다.

돈을 많이 벌거나 명성을 높이는 등의 가치를 실현한다는 의미의 이면은 타인들보다 우월하다는 것을 증명하는 방법이 됩니다. 물론 본인의 순수한 가치를 추구하는 사람들도 몇몇 있지만 대다수 사람들이 추구하는 가치 중 하나는 타인들보다 자신의 우월함을 확인하는 것입니다.

저는 어렸을 적에 "인간은 왜 살까?"라는 물음을 많이 갖고 살았습니다. 누군가는 인간이 살아가는 이유에 대해 "왜 사는지 알려고 산다."라고 말했던 기억도 납니다만 저는 심리학을 공부하면서 이 물음에 대한 답을 찾았습니다.

인간은 기본적으로 '자기 잘난 맛'으로 삽니다. 이 의미는 '타인들에게 인정받는 것'과 '본인만의 만족' 상태를 말하는 것으로, 성공을 통해 타인들에게 널리 알려지고 인정받는 등의 외부에서 오는 '자기 잘난 맛'과 "오른손이 하는 일을 왼손이 모르게 하라."라는 성경 글귀처럼 누구로부터의 대가나 인정을 바라지 않는 순수하게 자기만족만을 위한 내적 '자기 잘난 맛'이 있습니다.

이것을 '자기효능감(Self-Efficacy)'이라고 하며 이는 본인이 추구하는 가치가 충족되었다는 것을 의미합니다. 이때 뇌에서는 '도파민(Dopamine)'이라는 물질이 분비되어 이른바 '째지는 기분'을 느끼게 되는 것입니다.

성공의 요인

모든 사람이 그렇게 원하는 성공의 요인은 무엇일까요?

성공에 대해 여러분들은 각자가 가지고 있는 비결이 있습니다. 끊임없는 노력, 명석한 머리, 타인들과의 관계, 리더십 등을 언급하며 친구들과 성공에 대해 갑론을박했던 경험들은 다들 있으실 것입니다.

또한 서점에 가더라도 카네기, 스티븐 코비, 이지성 작가들이 써 놓은 성공 내지는 바람직한 인생을 살아가기 위한 다양한 자기계발 서적들이 즐비하고 학교의 선생님들, 기업 교육을 하는 강사님들, TV 등의 다양한 매체에서 제공하는 교양 프로그램에서도 삶의 질을 높이고 성공에 이르게 하는 다양한 이론과 경험들이 넘쳐 납니다.

각각의 사람 외에 집단, 회사, 국가, 산업, 상품의 성공에 대한 이론들도 넘쳐 나지만, 성공과의 명확한 인과관계(因果關係)를 설명하기에는 역부족입니다.

미국의 교육학자인 블라우와 덩컨(Blau & Duncan) 교수는 '지위획득모형(Status Attainment Model)'을 발표하였는데 이는 지위를 획득한 요인을 분석한 것입니다. 대통령이라는 지위를 획득하였다면 그 요인이 무엇인가를 분석한 것으로 지위는 성공의 척도로 말할 수 있습니다.

본 연구에서 지위를 획득한 주요 요인으로는 첫 번째가 '부모의 지적 수준'이었고 두 번째는 '부모의 부의 수준'이었습니다. 세 번째는 '본인의 교육 수준(노력)'이었고, 네 번째는 '본인의 첫 직장'이었습니다. 위의 네 가지 요인 중 첫 번째와 두 번째는 부모라는 환경적인 요인이고 세 번째와 네 번째는 본인의 내적 자질과 관련된 요인으로 구분될 수 있습니다.

즉, '성공에 다다르기 위해 부모 등의 환경이 중요한가?' 아니면 '본인의 노력이 중요한가?'를 말한다고 볼 수 있는데 어디가 더 큰 비중을 차지한다고 생각하시나요?

> 지난 4년간 서울대와 전국 의대에 정시 전형으로 입학한 신입생의 출신 지역을 분석한 결과, 5명 중 1명은 서울 서초·강남·송파 등 강남 3구 출신인 것으로 나타났다. 정시 전형에서는 전반적으로 강남 3구로의 쏠림이 두드러졌다. 전국 의대 정시 모집에서 강남 3구 출신 신입생 비율은 2019학년도 20.8%, 2020년 21.7% 2021년 22.3%, 2022학년도 22.7%로 계속 상승세를 보였다. 서울대 정시에서도 강남 3구 출신은 2019학년도 20.6%, 2020년 23.1%, 2021년 22.7%, 2022학년도 22.1%였다. 서울대와 의대 모두 4년 동안 모두 20%를 넘긴 것이다.[1]

서울대에 입학한다는 것은 성공에 좀 더 다가갔다고 볼 수 있고 의사라는 직업은 우리나라 상황에서 성공을 보장하는 직업입니다.

---

[1] 김민제, "의대·서울대 신입생 5명 중 1명은 '강남 3구' 수도권 쏠림 심화" 한겨레신문, 2023년 5월 9일 일부 발췌.

강남 3구 출신의 학생들은 본인의 노력으로 공부를 잘했을까요? 아니면 부모 잘 만나 공부를 잘했을까요?

첫 번째로 말한 '부모의 지적 수준'이란 부모가 공부를 많이 하였고, 경험이 많아 아는 것이 많다는 뜻이죠. 아는 것이 많다는 것은 자녀들이 성장할 때 많은 도움을 줍니다.

또한 "아이들은 부모의 등을 보고 자란다."라고 하는데 아이들은 부모들을 보면서 부모의 행동을 따라 합니다. 자녀들은 부모들의 일상적인 일하는 방식, 대화의 방식, 대인관계의 방식을 보면서 익히게 되는데 이런 모든 것들을 '삶의 방식'이라고 하며 자녀들의 삶의 방식 형성에 부모들의 삶의 방식은 절대적인 영향을 미칩니다. 사람들의 성공에 있어서 삶의 방식은 결정적 요소임은 분명하며 교육 수준이 높은 사람의 삶의 방식은 다를 것입니다.

두 번째의 요인인 '부모의 부의 수준'은 말이 필요 없을 것 같습니다. 부모가 돈이 많으면 어렸을 적부터 좋은 학원에, 좋은 학교를 다닐 수 있었을 것이고 또한 유학을 다녀올 수도 있었겠지요. 또한 성장해서도 부모들로부터 유산 등 상속을 통해 손쉽게 많은 부를 축적할 수 있었을 것입니다.

블라우와 덩컨의 이론은 국내에 상륙하여 서울 강남에 거주하는 분들을 대상으로 지위획득이론이 타당한지 연구되었다고 합니다. 결론은 "본 가설은 채택되었습니다." 타당함을 인정받은 것입니다.

이 말은 강남 아이들이 왜 서울대를 많이 들어가고, 다른 지역의 아이들보다 성공에 더 가까워지는지 확인한 결과 부모의 지적 수준과 부의 수준이 높았다는 것입니다. 씁쓸하지만 성공의 세습인 것이지요.

성공이 환경적인 요인에 의해 만들어진다는 이론에 배치되는 견해도 만만치 않습니다. 환경적인 요인보다는 개인의 타고난 능력이나 노력에 의해 성공이 이루어진다는 것입니다.

노래 〈안동역에서〉와 〈보릿고개〉로 유명한 트로트 가수 진성 씨는 인생은 '개천에서 용이 난' 경우입니다. 그의 어렸을 적 사연은 너무나 가슴 아픕니다. 전라북도 부안에서 태어난 그는 부모에게 버림받고 친척 집을 전전하며 살았고 초등학교 졸업이 최종 학력으로 서울에 올라와 막일 등을 하면서 밑바닥 인생을 살았습니다. 17살에 유랑극단에 들어가 모진 고생을 하고 무명 가수로 설움을 겪었던 그는 2008년 〈안동역에서〉라는 노래가 알려지기 시작하면서 유명세를 타기 시작하였고 그때 그의 나이 마흔아홉이었습니다.
그는 〈보릿고개〉라는 곡의 가사를 직접 작사했는데 초등학교 졸업이 정규 공부의 마지막이라는 것이 믿기지 않을 정도의 감성이 넘치는 문장 능력을 가지고 있음을 볼 수 있습니다. 진성 씨를 잘 아는 내 친구는 진성 씨가 너무나 해박하다는 것에 깜짝 놀란다고 합니다. 또한 그는 매우 소탈한 성격으로 유명 연예인들이면 가질 법한 어깨에 힘이 들어감이 전혀 없다고 합니다. 그리고 본인이 힘든 생활의 경험이 있어서인지 인간관계를 매우 소중하게 여긴다고 하는데 어려웠을 적 당시 도와주었던 분들을 잊지 않고 배려하고, 어려운 후배들을 꼼꼼히 챙기며 불우한 주변인들을 돕는 데 적극적이라고 합니다.

지위획득모형 중 세 번째 요인인 '본인의 교육 수준'은 본인의 노력에 의해 만들어진 결과이므로 "열심히 하면 성공할 수 있다."라는 의미입니다. 아마도 많은 사람은 성공을 위해 무엇보다도 본인의 노력과 열정이 필요하다고 말할 것입니다.

진성 씨는 부모도 없는 거의 고아와 같은 환경임에도 본인의 노력으로 성공한 사례입니다. 부모에게서 받은 것이라고는 DNA 등 유전적인 요인 외에는 없었음에도 그는 성공했습니다.

네 번째 성공 요인이 '본인의 첫 직장'이라는 것에 의문을 제기하실 것입니다. "첫 직장과 성공이 무슨 관계가 있다는 것이지?" 하지만 사회의 첫발은 매우 중요합니다. 왜냐면 첫 직장에서 본인만의 기준과 기술, 지식 그리고 익숙함이 형성되기 때문입니다. 예를 들어 깨끗한 화이트칼라의 직장에 근무한 경험을 지닌 분들은 지저분하고 위험한 환경에서는 '성이 안 차서' 근무하기 힘듭니다. 대학 다닐 때 근처 편의점에서 아르바이트한 경험을 첫 직장이라고 하지는 않을 것입니다. 편의점 알바를 직장이라고 말하는 순간 '자기효능감'은 뚝 떨어지고 타인들은 본인을 우습게 보기 시작할 것이기 때문입니다.

저는 저의 딸아이가 대학 재학 당시 첫 인턴을 여의도에 있는 외국계 회계 법인에서 시작하여 매우 안도한 경험이 있습니다. 저는 '딸아이가 그 이하의 직장은 눈에 차질 않겠구나.' 생각을 한 것입니다. 본인만의 직장의 기준이 형성되는 과정이었습니다.

또한 '배운 게 도둑질'이라고 사람은 알고 익숙한 것에 이끌릴 수밖에 없습니다.

물론 성취동기가 높은 사람들은 보다 높은 성취를 위해 본인을 변화시키기도 합니다만 대다수 사람은 변화를 두려워하죠. 그러다 보면 첫 직장에서의 경험과 지식을 기반으로 살아가는 모습을 보이게 됩니다.

블라우와 덩컨의 이론은 "가정환경과 개인의 업적과 자질 중에 무엇이 사회적 지위와 계층의 형성 즉, 성공하는 데 기여하였는가?"입니다.

결론적으로 지위획득모형 이론은 부모가 만들어 준 '지적' 그리고 '부'의 수준이라는 환경적인 요인이 개인이 태생적으로 가지고 있는 내적 요인인 '본인의 노력'이나 '직업을 선택하는 자질'보다 우선하다고 이야기하고 있습니다. 이는 성공을 위해서는 '부모 잘 만나는 것'이 중요하다는 의미일 수 있는데 본 연구에서는 위의 네 가지의 요인보다도 더 우선하는 요인 하나를 제시하고 있습니다.

신묘한 성공의 요인

연구 결과 지위획득을 위해선 환경적인, 내적인 요인보다 더 강력한 '알 수 없는' 요인이 하나가 더 있었습니다. 부모 잘 만나 금수저로 사는 것보다, 타고난 '군계일학'의 출중한 능력과 자질을 지니는 것보다 알 수 없는 뭔가가 크게 작용하고 있다는 것인데 그것은 무엇일까요?

우리나라에서 가장 성공한 기업 하면 삼성전자를 떠올리실 겁니다. 삼성전자는 세계 최고의 기업 반열에 있으며 한국을 대표하는 기업이기도 합니다. 많은 이들이 삼성전자의 성공 요인을 故 이건희 회장의 전략적 판단에 의한 반도체 시장 진출이었다고 하는데 이는 맞는 말일까요? 이는 상당 부분 맞는 말이기도 하지만 100% 맞는 말도 아닙니다. 이면에는 다른 요인들도 있었습니다.

1980년대 일본은 도시바, NEC, 히타치, 후지쯔 등의 기업들을 내세워 전 세계 반도체 시장을 지배하고 있었고 삼성전자의 반도체 사업은 이들에 비하면 매우 초라하였습니다. 당시의 상황에서 미국은 일본의 반도체 시장 독점에 위협을 느껴 일본의 기업들에 대해 반덤핑 조사를 시행하였고 1986년 반도체 협정을 통해 일본 기업들에 대해 대대적인 제재를 가하였습니다. 이후 일본 반도체 회사들은 몰락의 길을 걷게 되었고 이 상황은 삼성전자에게 엄청난 기회였습니다.

결론을 말씀드리면 사람이 되었든, 기업이나 상품이 되었든, 성공의 주된 요인이 있을 수 있으나 그 이면에는 알 수 없는 뭔가가 더 크게 작용하고 있다는 것입니다.

역사 이래로 수많은 연구자들이 성공의 요인에 대해 고민하고 연구에 몰입하였지만 명확한 실체를 찾아낼 수 없었습니다. 역설적으로 성공이라는 결과를 만들어 내는 원인을 알 수 있었다면 지금의 세상은 온통 성공한 사람들로 가득 차 있겠지요.

"알 수 없다"라는 의미를 다른 말로 풀어 놓은 것이 바로 '행운(幸運, Luck)'입니다.

행운(幸運)은 생각지도 않은 결과가 나에게 와 기쁨과 행복감에 넘칠 때를 말하는 것이고 불운(不運)은 나에게 오지 말아야 하는 상황이 닥쳐 큰 손해나 상심에 이르게 하는 것을 말합니다.

미국의 대부호 록펠러(John Davison Rockefeller)는 "어떻게 하면 성공할 수 있느냐?"라는 질문에 "부자가 되기 위해서는 세 가지가 필요합니다. 첫째는 행운이죠. 두 번째도 행운입니다. 세 번째도 행운입니다. 그렇지만 그 행운을 이용할 줄 모른다면 아무 소용이 없지요."라는 말을 남겼습니다.

2020년 초반에 불어닥친 코로나 바이러스로 인한 팬데믹 상황은 인류에게는 큰 재앙이었지만 어떤 이들에게는 엄청난 행운을, 어떤 산업이나 기업에는 파산에 이르게 하는 큰 아픔을 주었습니다.

코로나 바이러스 진단키트 제작 업체 '씨젠'은 2021년 전년 대비 매출 9배, 영업이익 30배 수준으로 급성장하면서 코로나 사태의 최대 수혜 기업이 되었습니다. 씨젠은 코로나가 발생한 2020년 한 해 동안 지난 10년간의 진단기기 누적 판매 대수를 팔았습니다. 즉, 10년간 팔았던 제품 양을 1년 만에 팔았다는 의미입니다.

또한 마스크를 제작하였던 소규모 기업들은 하루아침에 돈방석에 앉게 되었고 하루가 다르게 치솟는 마스크의 가격으로 그들은 수입을 주체할 수 없었을 것입니다.

반면, 2020년 한 해 국내 기업의 10곳 중 8곳 이상이 코로나에 따른 피해를 입은 것으로 나타났습니다. 응답 기업의 75.8%가 코로나로 "피해를 보았다."라고 답했고 "생존까지 위협받았다."라고 응답한 기업(8.3%)까지 합치면, 모두 84.1%의 기업이 큰 타격을 받았습니다. 여행이나 항공, 문화·공연 산업은 큰 시련을 겪었고 소상공인들의 고통은 이루 말할 수 없었습니다.

우리나라에서 가장 큰 여행 업체인 하나투어는 2018년 4월 125,035원이었던 주가가 코로나가 발생한 2020년 3월 25,983원으로 4분의 1 토막이 났고 매출액은 2020년, 전년 2019년 대비 82.2% 줄어들었으며 유동성 확보를 위해 서울 종로구 일대의 부동산을 매각하는 상황까지 몰렸습니다.

이런 상황을 누가 예측할 수 있었겠습니까?

인간은 역사적으로 페스트, 천연두 등의 많은 역병을 경험하였고 이를 극복해 왔기에 인간의 문명이 아직도 전염병을 잡지 못한다는 것을 예측하기 힘들었을 것입니다. 어찌 되었든 이러한 상황이 어떤 이들에게는 행운을, 어떤 이들에게는 많은 고통을 주었습니다.

　성공했다고 인정받을 수 있는 우리나라 피겨스케이팅의 대표 주자인 김연아 선수가 1950년대에 태어났다면 그는 빙상을 만날 수가 없었을 것입니다. 물론 겨울에 한강에 얼음이 얼어 스피드스케이팅은 가능한 시절이었지만 경기도 군포 출신의 그녀가 세계적인 피겨 선수로 성공하기에는 힘들었을 것입니다.
　한마디로 시절을 잘 만난 것이지요. 안중근 의사께서 〈장부가(丈夫歌)〉에서 언급한 '시조영웅(時造英雄, 시대가 영웅을 만듦)'이라고 말할 수 있습니다. 운이 좋았던 것입니다.

1

운은 누구에게?

저는 미국 하버드 대학 심리학과 데이비드 매클렐런드 교수가 설립한 매클렐런드(Mcber) 센터의 연구원으로 입사를 하여 보았던 문건 중에 충격을 받은 논리가 있었습니다.

$$P = f(B, L) \Rightarrow B = g(C, S)$$

- P: Performance(성과, 성공)
- L: Luck(행운)
- S: Situation(상황)
- B: Behavior(행동)
- C: Competency(역량)

"사람의 성공(P)은 그 사람의 행동함(B)과 행운(L)의 결합 작품이고 사람의 행동함(B)은 그 사람 개인의 역량(C)과 주변상황(S)에 의해 만들어진 결과"라는 설명을 담은 논리구조입니다.

서양 사람들은 대단히 합리적이고 이성적일 것이라는 편견이 깨지는 순간이었습니다. 세계 최고의 지성이라는 하버드 대학의 매클렐런드 교수의 이론이 우리가 고스톱 판에서 그렇게 외치던 '운칠기삼(運七技三)'[2]의 이론과 다를 바가 없었다는 데 많이 놀랐습니다.

미국 스탠포드 대학의 존 크럼볼츠(John D. Krumboltz) 교수는 성공한 기업가 1,000명을 대상으로 성공의 원인을 조사하는 프로젝트를 실시했다고 합니다. 성공의 원인을 분석한 결과, 조사대상자 가운데 "계획적으로 노력을 해 성공을 거두었다."라고 주장한 사람은 25%에 지나지 않았고 나머지 75%는 "우연한 기회에 성공의 길로 들어섰다."라고 응답하였다고 합니다.[3]

에너지와 기운

그럼 운은 누구에게 오는가?

결론을 말씀드리면, 운은 '기운(氣運) 즉, 에너지'가 좋은 사람에게 온다고 합니다. "나와 나를 둘러싼 기운이 좋고 넘칠 때 행운이 온다."라는 것이 지금까지의 일반적인 견해이지만 최근에는 과학적으로도 해석이 되고 있습니다.

---

[2] 운칠기삼: 중국 청나라 때 포송령이 쓴 《요재지이(聊齋志異)》에 나오는 글귀인데 뜻을 그대로 풀이하면 불합리한 운이 10에 7이고, 통제 가능한 영역이 3이라는 의미이다.
[3] 연준혁·한상복, *보이지 않는 차이*, 위즈덤하우스, 2012, 31쪽 참고.

우리는 주변에서 자신감이 넘치는 친구들을 볼 수 있습니다. 이들은 항상 긍정적으로 생각하고 열정적으로 일을 추진하는데, 한 예로 현대그룹을 이룬 정주영 회장을 말할 수 있습니다.

정 회장은 '왕회장'이라고 불릴 정도로 왕성한 에너지를 보여 주었는데 실제로 체력도 건장하고 완력도 좋은 데다가 자기 확신이 어마어마한 분이었습니다. 강원도 통천 시골에서 흙수저로 태어나 지금의 초등학교 격인 보통학교만을 졸업했지만, 그는 그 누구에게도 기세(氣勢)에서 밀리지 않았습니다. 정 회장의 "임자, 해 보기나 했수?"라는 말은 최근에도 회자될 정도의 명언으로 무슨 일이든지 이것저것 재지 말고 부딪혀 보라는 의미입니다.

실제로 그는 무모할 만큼 도전적이었습니다. 쌀집에서 출발한 그의 사업은 자동차 정비 사업으로 발전하더니 건설, 조선, 자동차 등으로 확장되었습니다. 조선과 자동차 사업은 당시 한국 상황에서 꿈꾸기 매우 어려운 사업이었습니다만 그는 강한 패기와 배짱으로 밀어붙였고 결국은 세계적인 기업으로 만들어 놓았습니다. 당시 최초 조선업을 일구기 위한 일환으로 500원짜리 지폐의 뒷면을 보여 주며 "우리는 배를 만들 수 있다."라고 한 것은, 속은 사람이 바보일 정도로 무모함을 보여 주는 사례입니다.

정주영 회장은 자기 스스로 내뿜는 에너지가 어마어마한 분이었습니다. 이러한 기운을 '아우라(Aura)'라고 부르는데 이는 잘못된 발음이고 표준은 '오라(Aura)'이며, 오라의 사전적 의미는 '인체나 물체가 주위에 발산하는 신령스러운 기운'을 말합니다.

정주영회장이 500원의 지폐를 보여 주며 추천서를 써 달라고 했을 때 상대였던 선박 컨설팅 회사 '애플도어'의 롱 바텀 회장은 지폐의 의미를 인정한 것이 아니라 정 회장의 오라와 포스(Force), 박력을 인정한 것이 아닌가? 생각해 봅니다. 사람을 본 것이지요.

사람에 따라 상황별로 뿜어내는 오라는 다릅니다. 이를 키를리안(Kirlian) 사진기로 찍어 보면 알 수 있는데 개인의 감정과 의식 상황에 따라 각각 다른 모습이 보이며 색깔에 따라 사람의 에너지를 알 수 있습니다.

예를 들어 어떠한 사람을 키를리안 사진기로 찍었을 때 빨간색이 많이 보인다면 열정적이라고 말할 수 있고 주황색이 배경색이라면 예술적 감수성이 뛰어

| 키를리안 사진기에 촬영된 사람의 손가락 끝[4] |

나고 소통과 교류에 대한 욕구가 높은 분이라고 말할 수 있으며 파랑색은 이성, 직관, 통찰력이 뛰어난 사람으로 볼 수 있습니다. 이렇

---

4) WIKIPEDIA, Kirlian photography, *Kirlian photograph of a fingertip*, 1989.

듯 사람들마다 다른 기운의 색깔을 보이는데 정주영 회장은 아마도 진한 빨간색과 파란색이 배합된 모습이지 않았을까? 생각해 봅니다.

또한 같은 사람일지라도 상황에 따라 다른 모습을 보이게 되는데 몸의 컨디션이 좋을 때와 스트레스에 화가 많이 난 상황 또는 사랑의 감정을 느낄 때의 결과는 완연히 다르게 나타납니다.

독일의 피터 만델(Peter Mandel) 박사는 질병에 따라 키를리안 사진의 패턴이 달리 나타난다는 것을 발견했고 그는 약 80만 명의 환자들을 대상으로 키를리안 사진을 촬영해 그 패턴에 따라 질병을 진단하는 시스템을 구축하였습니다. 이를 통해 잠재되어 있는 질병도 미리 발견해 예방하고 병의 진행도 파악하여 치료에 활용하고 있습니다.

국내에서도 관련 연구가 한창인데, 한국정신과학연구소에서도 키를리안 사진기를 이용한 질병 진단 시스템을 개발하여 보급하고 있습니다.

지금 책을 읽고 있는 독자님을 키를리안 사진기로 찍어 본다면 어떤 모습이 나올까요? 어떤 기운을 가지고 있는지 궁금합니다만 성공을 위해 본 도서를 구입해 읽고 있다면 분명 성공에 대한 욕구가 강한, 빨간색으로 나오지 않을까 생각해 봅니다. 또한 국내 역대 대통령인 김대중, 김영삼, 노무현, 문재인 전(前) 대통령들의 자기 기운은 어땠을까요? 아마 정주영 회장 못지않게 강하게 나왔을 것입니다.

역사 이래로 가장 강한 기운을 가진 분은 누구일까요? 예수 그리스도나 석가모니 등의 종교 지도자가 아니었을지 조심스레 추론해 봅니다. 그들의 인류에 대한 사랑의 에너지는 너무나도 강하여 돌아가신 지 몇천 년이 지난 지금도 철철 넘쳐 나고 있기 때문입니다.

외적 기운

하지만 본인의 기운이 넘친다고 다 운이 오는 것은 아닙니다. 기운이 없어 비리비리한 사람도 로또에 당첨될 수 있고 사업에도 성공합니다. 이는 주변의 에너지가 좋기 때문입니다. 운이 내게 오려면 자기 스스로의 기운도 중요하지만 나를 둘러싼 주변의 에너지 또한 매우 중요합니다.

│ 정화수에 기도하는 모습 │

여러분들은 주변에서 '부모의 기도 덕분에'라는 말을 많이 들어 보셨을 것입니다. 자식들이 잘되길 바라면서 정화수에 기도하는 모습은 우리에게는 매우 익숙한 장면입니다.

수능 시험을 앞둔 각 교회와 절에는 자녀들이 시험 잘 보기를 기원하는 부모들로 문전성시를 이룹니다. 이러한 간절한 에너지는 눈에 보이지 않은 아주 작은 알갱이인 양자(量子, Quantum)를 타고 공간을 이동하여 자녀들에게 전달됩니다.

한 사람의 기도 외에도 여러 사람이 하나의 목적으로 염원의 에너지를 쏟아 낸다면 어떨까요?

저는 2002년 월드컵 당시 직장 생활을 하고 있었습니다. 그때 동료들과 같이 간 광화문에서의 에너지는 정말 어마어마했습니다. 몇백만 명의 사람들이 하나의 목적으로 "대한민국!"을 외쳤고 그 기세는 실로 엄청나 지금도 형언하기 힘듭니다. 한국이 4강에 오르게 되었던 요인은 물론 실력이 좋아서도 있지만 국민들이 보내 준 에너지도 한몫했다고 생각합니다.

축구 경기에서 홈경기와 어웨이 경기는 다릅니다. 어웨이 경기장이 낯선 측면도 있지만 관중들의 응원 기세도 만만치 않기 때문입니다. 한국 국가대표팀이 매우 힘들어하는 경기장이 있는데 이란의 수도 테헤란에 있는 아자디 스타디움입니다. 12만 8천 명이 들어갈 수 있는 경기장이었지만 최근에는 8만 명으로 수용 인원을 줄였다고 하는데 이곳에서 한국 국가대표팀은 8전 3무 5패를 기록하며 한 번도 이긴 적이 없었습니다. 출전한 선수들에 의하면 고도가 높아 기량을 발휘하기 힘든 측면도 있지만 8만 명의 일방적인 응원에 입장하자마자 기가 꺾여 버린다고 합니다.

집단에서 내쏟는 에너지양은 개인의 것과 차이가 큽니다. 그만큼 효과도 크겠지요. 개신교회에서는 많은 신도들이 한곳에 모여 하나의 목적으로 통성기도를 합니다. 이곳에서의 에너지 파장은 실로 어마어마할 것으로 생각됩니다. 또한 사찰의 대웅전에서 이루어지는 예불의 장면, 성당에서 이루어지는 미사의 장면에서도 복을 기원하는 에너지는 넘쳐 나고 있습니다.

양자, 의식의 파동

양자는 더 이상 나눌 수 없는 최소한의 에너지 단위이며 그래서 우리의 눈에는 보이지 않습니다. 일상에서 자주 사용하는 '공간(空間)'이라는 단어는 '빌 공(空)'과 '사이 간(間)' 자로 이루어진 한자로 '비어 있는 사이'를 의미하는데 이는 현대 물리학 관점에서는 잘못된 표현입니다.

여러분들이 TV를 켜기 위해 무선 리모컨을 작동합니다. 이때 눈이 보이지 않은 전기에너지가 리모컨을 떠나 TV의 수신 장치에 충격을 주는데 빈 공간이라면 불가능한 현상입니다. 뭔가가 채워져 있어 타고 가는 것이죠.

또한 사람과 사람 사이에도 공간이 있습니다. 즉 사람과 사람 사이가 텅 비어 있다는 의미인데, 실은 이 공간은 비어 있지 않습니다. 사람의 눈에는 보이지 않은 아주 작은 소립자들로 채워져 있습니다. 옆에 있는 사람에게 부채질을 해 보십시오. 만약 옆 사람과의 사이가 비어 있다면 아무런 충격이 없을 것입니다. 하지만 옆 사람은 시원함을 느끼게 됩니다. 이는 보이지 않은 뭔가가 옆 사람을 때렸다는 의미입니다. 부채질을 통해 에너지가 발생하고 이 에너지는 공간을 채우고 있던 소립자들을 이동시켜 옆 사람의 신체에 부딪히게 된 것입니다.

우리가 비어 있다는 공간에 긍정 또는 부정의 마음이 담긴 에너지를 보내면 에너지들은 대상자에게 전달됩니다. 이러한 현상을 '의식의 파장'이라고 칭하는데 상대방의 화, 분노, 증오, 사랑 등의 의식은 나에게 전달되어 오며 상대가 굳이 표현하지 않더라도 그러한 의식의 파동을 우리는 찰나적으로 알 수 있습니다.

여러분들은 타인들을 만났을 때 나에 대해 입으로는 좋은 말을 하지만 진심이 느껴지지 않음을 알게 되는데 상대가 당신에게 부정적인 느낌을 가지고 있기 때문입니다.

혼자서 기차를 타게 되면 낯선 사람과 함께 팔걸이를 사용하게 되는데 이때 옆자리에 있는 그분의 얼굴을 보지 않더라도 그분을 느낄 수 있습니다. 이로 인해 상호 간에 공간 사용과 관련하여 미묘한 감정싸움이 일어나기도 하고, 호의적인 사람이구나 하는 느낌이 오기도 합니다.

회사에 출근해서 굳이 말을 섞지 않더라도 상사의 기분을 금방 알게 됩니다. 느낌이 안 좋으면 결재 들어가는 것을 미루기도 하는데 이는 상사가 개인적인 스트레스로 부정적인 에너지 파장을 내보내고 있기 때문입니다.

또한 집 안에서 아버지의 긍정적인 마음의 상태에서 나오는 밝은 웃음은 가족들에게 전달되고 모든 식구들은 행복감을 느끼게 됩니다.

이렇듯 개인의 감정과 의식은 타인들에게 전달됩니다. 타인들이 보내는, 당신에 대한 감정들은 모아지고 모아져 당신을 둘러싼 기운들을 만들어 내는데 좋은 감정들이 넘칠 때 행운이 오는 것이고 나쁜 감정들이 있을 때 불운이 오는 것입니다.

어떤 친구의 집에 가면 집 안에 왠지 따듯한 기운이 도는 집이 있습니다. 부모 형제들 상호 간의 이해와 배려가 있어 온화(Warm)함이 느껴지는 것을 말합니다. '되는 집안'의 모습입니다. 또한 어떤 사무실을 가면 기분이 좋아지는 사무실이 있고 그렇지 않은 곳들도 있습니다. 이런 느낌을 조직의 분위기라고 하고 다른 말로 하면 '조직문화(Organizational Culture)'라고 합니다.

가정이 되었든, 기업이나 정부 조직이 되었든, 집단 문화의 핵심은 구성원들이 소속된 집단에 어떤 감정을 가지고 있느냐입니다. 구성원들이 좋은 '마음의 상태'를 유지하고 있으면 그 에너지가 가정과 조직의 안팎을 감싸안으며 복이 오는 것입니다.

땅의 기운

기운은 현재의 사람들과의 관계에서만 오는 것은 아닙니다. 돌아가신 조상들에게도 영향을 받게 되는데 그러기에 큰 성공을 원하는 사람들은 조상들의 액운을 막기 위해 무당들을 불러 악귀 등의 나쁜 기운들을 몰아내는 '굿'을 하게 됩니다.

또한 '묫자리' 등의 풍수지리에도 신경을 많이 쓰게 됩니다. 선거를 앞두고 많은 후보자들은 선조들의 묫자리를 옮기는 이장 작업을 하게 되는데 이는 바로 선친들이 품고 있는 '맺힌 한' 즉, 안 좋은 기운을 풀기 위함입니다.

개인들 외에도 우리나라 거의 모든 기업과 기관들은 풍수지리에 매우 민감하죠. 삼성그룹 본관이 위치한 소공동 삼성타운은 '용의 발톱'이라고 불릴 만큼 명당이라고 합니다. 또한 마포구 공덕동에서 여의도로 가는 마포대로는 바람이 센 곳으로 유명합니다. 실제로 여러분들이 알고 있는 국내의 거의 모든 기업과 기관들은 건물을 짓거나 구입할 때 유명한 지관(地官)[5]들을 불러 풍수지리를 논합니다.

현재의 한국은행 소공동별관, 옛 상업은행 본관은 박정희 정권에서 탄생하여 '개발시대의 금고'라고 불린 만큼 명성이 높았습니다. 그러나 1978년 남산 3호 터널이 뚫리며 건물의 기운이 기울었다고 합니다. 많은 금융 사고가 터지면서 은행장이 구속되고, 지점장이 자살하고, 결국 외환위기 때 상업은행은 역사 속으로 사라져 버렸습

---

5) 지관: 풍수설에 따라 집터나 묫자리 따위의 좋고 나쁨을 가려내는 사람, 표준국어대사전.

니다. 풍수지리 전문가들은 해당 건물이 남산 3호 터널에서 나오는 길과 소공로, 남대문로가 마주치는 꼭짓점에 삼각형 모양을 하고 있어, 남산 터널에서 나오는 살기(殺氣)를 모두 받아 흉하다고 합니다. 본 건물은 최고의 입지 조건임에도 주인을 못 찾아 경매에서 유찰이 이어졌습니다.[6]

제가 알고 있는 공공기관에 고위직으로 계셨던 분도 나주로 본사를 이전할 때 국내에서 유명한 지관을 2명이나 불러 건물의 위치를 어디에 놓을지 고민하고 고민하였다고 합니다. 좋은 기운을 취하겠다는 의미이겠지요.

윤석열 정부에서 대통령 관저 선정에 풍수지리학자가 관여하였다는 사실도 우리 모두가 아는 사실입니다.

또한 여러분들 주위의 모든 분들은 집을 지을 때 전문적인 풍수지리는 보지 않더라도 지하로 흐르는 수맥 정도는 고민합니다. 수맥이 흐르면 지반이 약해져 건물에 영향을 미치고 건강이나 운이 끊어진다는 속설이 있는데 과학적인 근거는 부족하더라도 찜찜하면 피하자는 생각에 모든 사람들은 예민하게 생각하는 것 같습니다. 나쁜 성질의 기운은 멀리하자는 것이지요.

---

6) 김은정, ""남산터널의 흉한 기운이…" 박정희때 잘나갔던 건물의 슬픈 운명" 조선일보, 2023년 4월 6일 참고.

돌이켜 보면 우리는 '길흉화복(吉凶禍福)'이 어떻게 만들어지는지 실생활에 적용하고 있다는 생각이 듭니다. 최근에는 비과학적이라고 느꼈던 이러한 우리의 관습이 과학적 이론인 '양자물리학(Quantum Physics)'으로 하나씩 하나씩 입증되고 있습니다.

역사적으로 동서양의 많은 학자들은 운의 실체를 인정하고, 그 요인을 파악하려고 많은 노력을 한 것은 분명하며 현재에도 많은 과학자들이 양자물리학을 통해 운의 실체를 파악하려고 노력하고 있습니다. 운의 요인을 알아내 통제할 수 있다면 이는 인류 역사를 뒤흔드는 엄청난 사건이 될 것입니다.

2

운은 어디로?

이제는 좀 더 구체적으로 운이 오는 경로를 찾아가 보겠습니다. 앞서서 사람들이 그토록 원하는 행운은 "나와 나를 둘러싼 기운이 좋고 넘칠 때 온다."라고 말씀드렸습니다.

다른 관점에서, 운은 하늘에서 뚝 떨어지는 것으로 보이지만 그렇지 않습니다. 여러분들에게 다가가는 길이 있습니다.

행운은 '인간관계'와 '일'을 통해 여러분들에게 다가갑니다.

역설적으로 타인들과의 관계가 없거나 일하지 않으면 행운은 오지 않습니다.

물론 금수저로 태어나 왕위를 승계받거나 엄청난 유산을 받아 성공하였다고 한다면 이들은 일도 하지 않았음에도 불구하고 부와 명예를 거머쥔 경우입니다.

저는 이런 성공은 성공으로 인정하질 않습니다. 성공이란 스스로 역경을 이겨 내고 일구어 냈을 때를 말합니다. 금수저로 태어났지만 많은 역정을 이겨 내고 부모들보다 더 큰 성공을 일군 경우는 다를 수 있는데 이런 분들에게 관계와 일은 필수 요건이 됩니다.

인간관계

주변에 선행을 베풀어 칭송이 자자한 사람은 좋은 인간관계를 통해 긍정의 에너지들이 그 사람에게 모이게 됩니다. 즉, 사람들이 주변에 넘치는 현상이 벌어지는 것입니다.

저는 얼마 전 205cm 큰 키로 거인증을 앓다 돌아가신 농구선수 김영희 씨의 뉴스를 보면서 너무 가슴이 아팠습니다. 한마디로 사람다운, 여자다운 삶을 살아 보지 못한 채 평생을 독신으로 살다 환갑의 나이로 돌아가신 분이신데 힘들게 사는 이분에게 농구선수 출신 연예인인 서장훈 씨가 치료비와 생활비를 보태어 주었다는 기사에 가슴이 뭉클하였습니다. 아무도 기억하지 못하는, 자신과 똑같이 어마어마하게 키가 큰 김영희 선수를 잊지 않고 배려하였다는 사실에 서장훈 씨에게 감사의 마음이 들었습니다. 물론 서장훈 씨는 선수 생활을 하면서도, 코로나 상황에서도 어려운 분들을 위해 꾸준히 억대의 선행을 해 온 분이었습니다.

이러한 서장훈 씨가 예능인으로 자리를 잡게 된 계기는 개그맨 유재석 씨를 통해서라고 하죠. 화려한 농구 경력을 뒤로하고 은퇴한 서장훈 씨에게 유재석 씨가 전화를 하여 15분만 시간을 내어 달라고 하였고 이를 계기로 현재의 예능계 거인인 서장훈이 탄생되었다고 합니다. 유재석 씨와의 인간관계로 인해 인생이 바뀌게 된 것입니다.

사실 유재석 씨에 대한 미담은 끊이질 않습니다. 많은 이들이 유재석 씨의 따뜻한 마음에 감동하고 있고, 그중 한 명이 개그맨 장동민 씨입니다.

장동민 씨는 한 방송에서 과거 아버지의 사업 실패로 인해 생긴 빚으로 생계가 매우 힘들었다고 토로하면서, 그 어려웠던 시절에 혼자 술을 마시다가 우연한 기회로 한 번도 만난 적이 없는 유재석 씨에게 만나고 싶다고 전화하였고 그를 만나 답답한 속 이야기를 털어 놓았다고 합니다. 그때 유재석씨는 "한 번도 내 말을 안 끊고 다 들어 줬다."라며 깊은 배려에 감동을 표했습니다.

또한 "비가 오는 날에 우산이 없었는데, 유재석 씨는 큰길까지 우산을 씌워 주고 택시를 잡아 주었고 지갑에 있는 돈을 다 건네면서 '택시를 타고 나서 남은 돈은 어머니 용돈 드려라' 했다."라고 하며 "정말 열심히 살아서 은혜를 갚아야 할 첫 번째 사람이라고 생각했다."라며 눈물을 흘리는 모습을 본 적이 있습니다.

유재석 씨는 '유느님'이라고 불릴 정도로 국민적 스타입니다. 그가 방송으로 성공하고 국민적으로 사랑받는 요인은 예능적인 감각이 탁월한 부분도 있지만 타인들과의 관계를 중시하고 항상 배려하는 자세가 지금의 그를 만들었다고 생각합니다.

미담은 미담을 만들어 냅니다. 주변에 좋은 평판이 쌓이게 되면 주변에 사람이 들끓게 되고 그들의 따뜻한 에너지가 더욱 크게 모이게 됩니다.

운의 또 다른 경로

운이 오는 또 다른 경로는 '일'을 통해서입니다. 사람들은 로또 당첨을 그렇게 원합니다. 하지만 반드시 사전에 해야 할 일이 있습니다. 바로 로또를 사는 것입니다. 그래야만 운을 누릴 수 있습니다.

남극을 소개하는 영상들 중에는 펭귄이 자주 나옵니다. 많은 펭귄들이 군집을 이루며 살아가고 사냥을 위해 바다에 뛰어드는 장관을 연출하는데, 펭귄들은 바다에 뛰어들 때 동시에 뛰어내리지 않습니다. 누군가가 앞에서 뛰어내리면 나머지 펭귄들은 그를 따라서 바다로 사냥을 나가게 되는데 천적들이 기다리고 있는 바다에 들어가는 쉽지 않을 상황이지만 누군가는 용기를 냅니다. 그래서 용감한 사람을 '첫 번째 펭귄'이라고 부르죠.

운이 좋은 사람들은 불확실에 도전할 줄 아는 사람들입니다. 남들이 하지 않는 것을 한다는 것으로 남들이 도전하여 일구어 낸 사업을 따라 하여 위험을 줄이기보다는 본인이 새로운 것에 도전하는 스타일로 자기만의 에너지가 강한 사람들입니다.

일을 크게 벌인 사람은 망하면 쫄딱 망하지만 흥하며 크게 일어납니다. 아래는 제가 만들어 본 행운의 크기 공식입니다.

일의 크기		행운의 양		행운의 크기
1	×	100	=	100
10	×	100	=	1,000
100	×	100	=	10,000
1,000	×	100	=	100,000

행운은 누구에게나 오기에 행운의 양은 고정값 100으로 하겠습니다. 일의 크기가 1인 사람은 행운이 온다고 하더라도 100이라는 결과밖에 만들어 내지 못합니다. 하지만 일의 크기가 1,000인 사람의 결과는 100,000이라는 엄청난 결과를 만들어 냅니다. 일의 파이가 크면 클수록 행운의 크기도 커짐을 알 수 있습니다.

서울역 앞에 있는 노숙자들에게 오는 행운의 크기는 얼마일까요? 길옆에 떨어져 있는 돈을 줍는다고 하여도 몇만 원일 것이고, 담배 몇 갑, 소주 몇 병에 그칠 수 있습니다. 하지만 몇억을 투자하는 투자자들의 상황은 전혀 다릅니다. 그들에게 운이 터지면 몇십억의 수익을 올릴 수 있습니다. 기업도 마찬가지인데 투자 규모에 따라 결과의 차이는 매우 다름을 알 수 있습니다. 운을 맞을 준비된 사람은 그 크기에 따라 크게 성공할 수 있습니다.

저는 정부 조직과 기업체에 리더십, 조직문화 등 다양한 강의를 하면서 소속된 조직의 일에 최선을 다하라고 가르칩니다. 하지만 한편으로는 적절한 타이밍에 독립을 하여 본인의 일을 펼쳐 보라고 권하기도 합니다. 물론 안정적인 삶을 원하는 분들은 회사 생활이 적합할 수 있습니다. 하지만 도전을 하여 실패를 맛보더라도 행운은 돌고 도는 것이기에 판을 키워서 더 큰 운에 도전하는 것도 좋다고 생각합니다.

일과 행운

4차 산업혁명 시대는 불확실이 증대되는 사회입니다. 이러한 혼돈의 카오스(Chaos) 상황에서 4차 산업을 주도하여 세계 최고의 부호가 된 사업가가 있습니다. 전기차의 신화를 만든 테슬라의 CEO '일론 머스크(Elon Reeve Musk)'입니다. 그에 대해서는 따로 설명이 필요 없을 만큼 많은 언론에서 그의 일거수일투족을 취재하여 보도하고 있습니다.

일론 머스크는 인류 역사상 최초로 개인의 자산이 3,000억 달러를 돌파하였으며 항공우주, 전기차, 인공지능, 인터넷 위성군, 초고속열차, SNS 등 다양한 첨단과학 분야 기업을 경영하며 글로벌 기술시장을 선도하고 있습니다. 또한 그의 영향력은 특정 첨단기술 업계에만 국한되는 것이 아니라 단순한 트윗 한 줄만으로 주식, 암호화폐와 같은 투자 분야의 상품들을 수십조 원씩 상승 또는 하락시키기도 하며, 상당한 양의 기부금을 사용하여 미국의 정치에 관여하고 있습니다.

 전 세계에서 가장 영향력 있는 경영인으로 손꼽히지만, 그에 걸맞지 않은 진중하지 못한 태도와 종잡을 수 없는 행보로 인해, 신뢰할 수 없는 소시오패스라는 악평과 천재적인 능력을 갖춘 기업가라는 칭송을 동시에 받는 인물이기도 합니다.

 또한 그는 지독한 일 중독자입니다. 그는 일주일에 평균 100~120시간을 근무하는 것으로 유명한데 일론의 전 아내인 저스틴 머스크는 "남편이 저녁 7~8시나 되어야 귀가한다고 불평하는 친구들이 있어요. 일론은 밤 11시에 집에 오는 데다가 그 이후에도 일했습니다. 지금의 자리에 오르기 위해 일론처럼 사생활을 희생한 사람도 없을 것입니다."라고 말하기도 했습니다.

 그를 보면 '첫 번째 펭귄'임이 분명합니다.

 일론 머스크 외에도 애플의 창업자인 '스티브 잡스(Steven Paul Jobs)'를 비롯하여 성공한 대다수 사람들이 일을 열심히 한다는 것은 다 아는 사실입니다.

 우리나라의 배우인 윤여정 씨가 정이삭 감독의 〈미나리〉라는 영화에 출연하여 2022년 3월 27일 미국에서 열린 제94회 아카데미 시상식에서 여우조연상을 수상하였습니다. 윤여정 씨의 수상소감은 많은 이들에게 감동을 주었지만, 특히 마지막 두 아들에게 한 멘트는 가슴을 찡하게 했습니다.

"제 두 아들에게도 감사를 전하고 싶습니다. 제게 나가서 배우 일을 하라고 다그쳤던 애들이죠. 사랑하는 아이들 덕분에 엄마가 열심히 일해서 이런 상도 받았네요."

윤여정 씨가 배우라는 일을 하지 않았다면 세계적인 연기자의 반열에 오르는 일, 즉 성공은 없었을 것입니다. 그는 젊었을 적에 국내에서 유명한 배우이기는 하였지만, 이민 생활을 정리하고 귀국한 후 충분히 다른 일을 할 수도 있었을 것입니다. 하지만 그는 배우라는 어려운 직업을 다시 선택하여 후배들과 경쟁하며 자신을 갈고 닦았고, 스스로도 시상식에서 "다른 배우들에 비해 운이 좋았다."라고 말했지만, 드디어 운이 만개하여 세계 최고의 영예를 안았습니다.

윤여정 씨는 1970년대 초반 국내 최고의 여배우였습니다. 그러나 그는 1974년, 그의 나이 27살에 가수인 조영남 씨와 결혼하면서 연예계를 은퇴하고 미국으로 이민을 갑니다. 하지만 그들의 결혼 생활은 조영남 씨의 외도로 파탄을 맞게 되고 두 아들을 키우기 위해 그는 시급 2.75달러를 받으며 슈퍼마켓에서 계산원으로 일했다고 합니다. 그는 1987년 은퇴 13년 만에 연예계에 복귀했지만 그를 기억하는 이들은 많지 않았고 이혼의 경력과 탁한 목소리, 곱지 않은 피부를 탓하는 안티 팬들이 많았습니다.

본인을 '생계형 배우'라고 말할 정도로 그는 돈을 벌기 위해 단역도, 보조 출연도 마다하지 않았습니다. 많은 고비가 있었지만 출연하는 작품마다 최선을 다하는 연기를 보인 그는 고객들과 영화감독들의 인정을 받으며 점점 자리를 잡아 가게 되었고 그의 나이 60세가 되어서야 좋아하는 감독, 좋아하는 작가, 좋아하는 작품에 출연하며 여유로움을 찾게 됐다고 합니다. 서서히 운이 도래한 것이었습니다.

그는 드라마와 영화를 통해 몬트리올 판타지아 국제영화제 여우주연상과 아시아 태평양 스크린 어워즈 심사위원 대상 등 여러 영화제의 상을 휩쓸기도 했으며 〈꽃보다 누나〉, 〈윤식당〉, 〈윤스테이〉 등의 예능 프로그램에서 존재감을 뿜어내며 쿨한 매력으로 젊은이들에게도 큰 사랑을 받게 되었습니다.

그에게 배우라는 일이 없었다면 지금의 성공한 윤여정은 없었을 것입니다.

3

운은 언제?

하지만 선행을 베풀고 일도 열심히 했던 분들도 운이 다하는 경우가 있습니다.

2023년 6월에 우리나라 의학계의 큰 별 한 분이 돌아가셨습니다. 새벽까지 수술 집도를 하고 10분 거리의 집에 다니러 자전거를 타고 가시다가 교통사고로 운명을 다하신 서울아산병원 흉부외과 故 주석중 교수님입니다.

그는 흉부외과 전문의로 국내 대동맥 수술의 수준을 다른 차원으로 끌어올린 '대체불가'의 탁월한 의사였습니다. 오로지 의학적인 발전과 환자들의 생명을 살리기 위해 우직하게 걸어오신 분인데 62세의 한참 일할 수 있는 나이로 운명을 다하시고 말았습니다. 그분의 미담은 너무나도 많은데 응급환자들의 수술을 위해 병원에서 10분 거리에 집을 마련하였고 연말연시와 크리스마스 연휴에도 고통받는 환자들을 위해 헌신하셨습니다. 또한 따뜻한 심성으로 주변 분들에게 스트레스를 전가하지 않았다고 합니다. 그래서 그의 빈소에는 많은 사람들이 찾아와 애도하였고, 관련 SNS에는 그의 죽음을 안타까워하는 일반 시민들의 글이 넘쳐 났습니다.

2013년 미국 영화배우 폴 워커(Paul William Walker)는 필리핀에 상륙한 태풍 하이옌으로 인해 발생한 피해 복구를 위한 자선행사에 참가하였다가 돌아오던 중 불의의 사고로 그의 나이 40세에 사망하고 말았습니다. 그는 영화 〈분노의 질주〉 시리즈에 '브라이언 오코너'로 출연하여 분노의 질주 시리즈의 흥행을 이끌었고, 화끈하고 시원한 액션 연기와 탁월한 외모로 '차세대 멜 깁슨'이라는 호평을 받았습니다. 평소에도 꾸준히 아동, 불우이웃들을 위하여 활동을 펼친 그의 요절에 많은 팬들은 매우 안타까워했습니다.

행운의 사이클

위의 사례에서 최고의 전문가로 일을 해 왔고, 선행을 베풀어 승승장구하던 분이 왜 갑작스레 운이 다한 것일까요? 이 의문은 운을 연구하는 분들이 고민하는 지점으로, 결론은 "운은 규칙이 없다."입니다.

있는 듯하다가도 신기루처럼 사라져 버리고 마는, 그러다가 갑작스레 어디에선가 튀어나오는, 운의 사이클을 현재까지는 과학적으로 규명할 수 없습니다. 현재까지 운에 관한 연구는 상당한 진척을 이루었다고 하지만, 운이 언제 오고 언제 사라지는지 이에 대한 의문은 여전히 풀질 못하고 있습니다.

여러분들은 주변에서 '삼재(三災)'라는 말을 많이 들어 보셨을 것입니다. 사주명리학에서 사용하는 단어로 3년 동안 재수가 없다는 의미입니다. 즉, 운이 없다는 의미로 이 시기를 피하려면 부적을 쓰거나 몸가짐을 조심하고 치성을 드려야 한다고 합니다. 치성을 드리라는 말은 선행을 베풀라는 말인데, 운을 오게 하거나 불운을 피하려면 좋은 일을 많이 해야 할 것으로 보입니다.

저와 친분이 깊었던 한양대학교에 근무하셨던 교수님 한 분이 저에게 했던 말이 잊히지 않습니다. 그분의 말씀은, 주변에 사람들이 떨어져 나갈 때를 조심하라는 것입니다. 그것은 운이 나가는 징조라는 것이었습니다. 반대로 주변에 사람이 모이면 그것은 운이 들어오는 좋은 징조라는 것입니다. 늘 유념하고 있습니다.

운에는 사이클이 있습니다. 파장의 폭은 달라 규모가 다를 수 있지만 분명히 있는 것은 사실입니다.

저는 초반 운이 좋질 않아 얼굴에 크게 상처를 입기도 하고 하는 사업마다 실패를 하는 경험이 있었습니다. 하지만 몇 해 전 생각지도 않은 일들이 몰려오면서 돈을 많이 벌었던 경험이 떠오릅니다. 당시에 여러분들은 생각지도 못할 강사료를 받으면서 강의를 한 적이 있는데 저의 강의를 들으려 많은 사람이 줄을 섰고 100명을 수용하는 강의장에 서로 들어가겠다며 아우성치는 경우가 있었습니다. 저에게 이런 운이 계속 이어졌다면 얼마나 좋았겠습니까? 아쉽게도 저의 행운은 조만간 사라지고 말았습니다.

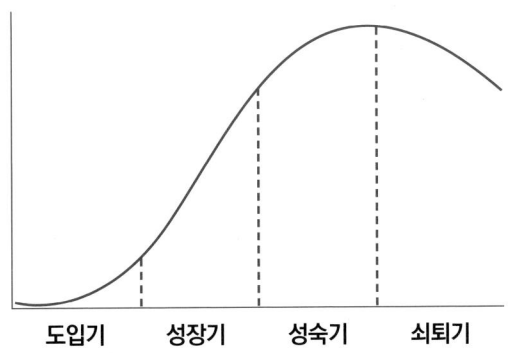

 마케팅의 이론 중에 상품수명주기(Product Life Cycle)라는 유명한 이론이 있습니다. 쉽게 설명해 드리면 모든 상품, 기업, 산업 심지어 국가까지 잘될 때가 있고 안될 때가 있다는 이론입니다.

 1974년에 출시된 초코파이의 인기는 어마어마했고 당시 최고의 간식거리였습니다. 하지만 초코파이의 운도 다했는지 1980년대 들어와 판매량이 급감했고 판매 포장의 형태를 바꾸며 국내에서 근근이 판매량을 유지했습니다. 그때 제조사는 중국과 러시아, 베트남으로 눈을 돌려 다시 한번 대박을 터트립니다. 국내에 비해 거의 30배 이상의 판매량을 기록한 것입니다. 운이 다시 돌아온 것입니다.

 1990년대에 국내 최고기업 하면 대우그룹을 빼놓을 수 없습니다. 당시 기업 규모가 삼성보다 컸으니 어느 정도였는지 짐작이 가능할 것입니다. 하지만 지금 대우그룹은 사라지고 없습니다. 한때 잘나가던 웅진그룹은 핵심 사업인 웅진코웨이를 매각하고 요즘 소식이 뜸하고 있습니다. 필리핀이 1950년대 아시아의 2대 부국이었다면 이해가 됩니까? 우리는 그 당시 필리핀에 비견될 수 없는 빈국이었습니다. 하지만 이제는 필리핀은 아시아의 빈국으로 전락하였고 한국은 세계 10대 무역국으로 성장하였습니다.

이렇듯이 운은 윤회(輪廻)하듯이 돌고 도는 것입니다.

저는 늘 고민합니다. 나의 운은 올라가는 중인가? 떨어지는 중인가? 되는 운 앞에서는 무엇을 해도 됩니다. 그러나 안 되는 운 앞에서는 무엇을 해도 다 망합니다.

이렇듯 운은 오고 나가는데 대운을 타고났다던 정주영 회장도 대통령에 도전을 하였지만 실패하였고, 측근이 배신하고, 기대를 모았던 2세가 자살하는 등의 어려움을 겪기도 했습니다. 하지만 현대 가문의 에너지는 여전히 강력하여 3세들이 세계적인 기업으로 성장시키고 있습니다.

살아 있는 운

그럼 그렇게 좋은 일을 많이 하여 좋은 기운들이 듬뿍 있음에도 운이 오지 않은 사람의 경우, 그 운은 어디로 가는 것일까요?

이러한 운은 후대인 자녀들에게 이어진다고 합니다. 불운도 마찬가지겠지요. 하지만 운은 어느 후대에 올지 모릅니다.

'나비효과(Butterfly Effect)'라는 유명한 이론이 있습니다. "뉴욕에서의 나비의 날갯짓이 태평양의 폭풍을 만든다."라는 이론으로 날갯짓처럼 미세한 변화, 작은 차이, 사소한 사건이 추후 예상하지 못한 엄청난 결과나 파장으로 이어지게 되는 현상을 말합니다. 그런데 태평양에서의 폭풍은 나비의 언제 적 날갯짓인지 알 수 없습니다. 폭풍 전년도에 만들어진 날갯짓인지, 100년 전에 만들어져 지구를 서너 바퀴 돈 날갯짓인지, 1,000년 전에 만들어졌지만 하와이의 동굴 안을 돌다가 작년에 밖으로 나온 날갯짓인지 규명할 수 없습니다. 어찌 되었건 나비의 날갯짓으로 만들어진 최초의 작은 에너지는 다른 여러 에너지와 합해지면서 에너지 파장이 커지고, 또 커지고 종국에는 거대한 폭풍을 만들어 내는 것이지요.

이렇듯이 현세의 좋은 에너지들은 쌓이고 쌓이면서 명확하지 않은 후대에 빛을 발합니다. 반대로 안 좋은 에너지들 또한 어느 후대엔가는 영향을 미칩니다. 그래서 안 좋은 에너지를 차단하기 위해 좋은 에너지가 넘치는 명당을 찾아 못자리를 이장하는 등의 기운을 바꾸는 작업을 하게 되는 것입니다.

행운이란 모든 세상 사람들이 인정하지만 과학적으로 완벽하게 규명되지 않은 신묘한 것입니다. 그러나 완벽하지는 않지만 행운을 불러올 방법은 있습니다. 바로 역량을 갖추는 것입니다. 다음 챕터에서 역량에 대한 이야기가 이어집니다.

SUCCESS

2부

성공으로 가는 과정

1

성공 공식

지금까지 성공에 대해 행운을 기반으로 접근해 보았습니다. 이제는 다른 관점에서 성공에 이르는 과정을 살펴보겠습니다.

성공에 이르려면 반드시 수반되어야 할 것이 있습니다. 사전에 반드시 '행동'해야 한다는 것입니다. 영업으로 성공하려면 반드시 고객을 만나야 합니다. 방송 매체와 SNS 등을 통한 비대면이든, 직접 찾아가 설득하는 면 대 면이든 고객을 접하는 행동을 해야 합니다.

행동  성공

행동 없는 성공은 있을 수 없습니다. 물론 부잣집의 자녀로 태어나 금수저의 인생을 사는 사람이 있다고 칩시다. 이를 성공한 인생이라고 말하는 사람이 있을까요?

김주환 교수가 저술한 《회복탄력성》이라는 책에서는 성공을 이렇게 설명하고 있습니다. "성공은 어려움이나 실패가 없는 상태가 아니라 역경과 시련을 극복해 낸 상태를 말한다."[7]

스스로의 생각과 행동을 통해 성취한 결과를 성공이라고 말하며, 행동이 없이 성취된 성공은 성공이라고 말할 수 없을 것입니다. 일을 해야 돈을 벌 수 있는 것처럼, 공부를 해야 성적이 나오는 것처럼, 우리는 행동을 해야만 그 결과로 성공을 맛볼 수 있습니다.

인간의 행동

그럼 좀 더 들어가 '행동은 어디에서 출발하느냐?'입니다. 여러분들은 태어나자마자 울기 시작하였고 아침이면 밥을 먹어야 하고, 대화를 하고, 공부를 하고, 산에 오르고, 카톡을 하고, 친구들과 놀이를 하는 등의 다양한 행동을 합니다. 그럼 인간은 왜 행동을 하는 것일까요?

미국의 에이브러햄 매슬로(Abraham Harold Maslow)라는 심리학자는 욕구의 위계이론을 발표하였는데, 인간의 가장 기초적이고 기본적인 행동은 생존, 종족 번식 등을 위한 '생리적, 물리적 욕구' 충족 행동이라고 말하고 있습니다.

인간은 배고프면 살 수 없죠. 그러기에 먹을 것을 찾든지 만들든지 해야 합니다.

---

7) 김주환, 회복탄력성, 위즈덤하우스, 2019.

인간은 생리적 욕구가 충족되면 즉, '자식들도 많이 낳았고 배도 부른데 뭘 하지?' 하며 또 다른 뭔가를 생각하게 됩니다.

그 결과, 배고픔과 추위로부터 안정적으로 본인들을 보호하기 위한 방안을 고민하게 됩니다. 또한 옆에 있는 부족들이 수시로 본인들을 위협하고 괴롭힌다는 것에 대해 대처하고자 형제, 친척들과 함께 제법 큰 부족을 이루어 공동생활을 하는 '안전의 욕구' 단계로 들어가게 됩니다. 그리고 홍수, 지진 등의 자연재해와 배고픔 등으로부터 항구적으로 자신들을 보호하기 위해 안전하고 농사짓기 편안한 곳으로 옮겨 공동체 생활을 합니다.

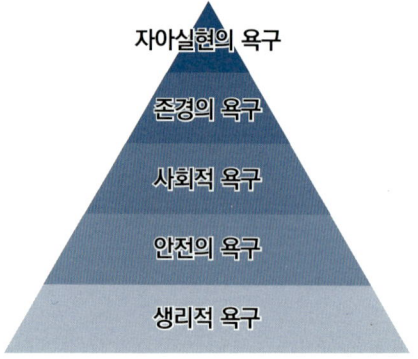

| 욕구의 위계이론 |

배고픔도 자연재해도 타인들의 위협도 없는 안전한 세상이 오면 인간은 또 다른 생각을 하게 되는데 다른 친구들과 교우를 맺어 소속감을 갖고 싶고 이성과 사랑을 나누며 평안함을 느끼고 싶은 것입니다. '사회적 욕구' 단계입니다. 이때 인간들은 생존과 안전을 위한

본원적인 집단사회가 아닌 다양한 요구들이 표출되고 수용되는 고도화 된 '사회'를 구성하게 됩니다.

위로받을 수 있는 친구들도 있고 다양한 사람들과 교류하면서 삶이 안정되어 가면 인간은 또 다른 생각을 하게 됩니다. 타인들로부터 우월함을 인정받고 싶은 욕구가 발현되게 되는데 이는 바로 '존경의 욕구' 단계입니다. 그래서 사람들은 명예를 얻기 위해 남다른 노력을 하여 국회의원도 되고 회사의 사장이 되기도 하는데 존경을 받는 이들은 이 단계에서 자서전 집필을 고민하게 됩니다.

존경받는 리더의 역할을 하다 보니 인간은 또 다른 생각을 하게 되는데 '나는 태어난 목적이 무엇인가?' '나는 인류의 번영을 위해 무엇을 할 수 있는가?' 등을 고민하는 '자아실현의 욕구'의 단계입니다. 이 단계에 접어들면 본인의 진정한 자아가 무엇인지 고민하게 되고 슈바이처처럼 아프리카의 빈국으로 봉사를 떠날 수도 있고 불교의 스님이 되어, 교회 목사가 되어 사회에 헌신하는 삶을 살겠다는 생각을 하게 됩니다.

생각, 무의식

매슬로의 욕구의 위계 단계는 욕구를 채우기 위한 행동의 단계입니다. '욕구(Needs)'는 '무엇이 결핍되어 있는 상태에서 무의식적으로 결핍된 상태를 채워서 해결하려는 심리'라고 정의하고 있는데 여기서 눈여겨봐야 할 부분이 '무의식'입니다.

즉, 행동에 앞서서 무의식이 작용했다는 것입니다.

무의식은 '자각이 없는 상태 즉, 자신이 의식하지 못하는 두뇌의 활동이며 사고 과정, 기억, 동기 따위 없이 자동적으로 발생하거나 작동할 수 있는 심리적, 정신적 작용'이라고 정의하고 있는데 이는 인간 본인이 인지하지 못하는 '생각'이라고 말할 수 있습니다.
반면 '의식적 생각'은 인간 본인이 인지하고 자각하는 생각을 뜻합니다.

앞서서 저는 인간은 욕구가 채워지면 또 다른 욕구를 생각했다고 말씀드렸는데 이는 행동이 일어나기 전에 사전적으로 의식적 또는 무의식적인 생각이라는 단계가 있음을 의미합니다.
인간은 배가 고프면 무의식적으로 잠에서 깨어나고 의식적으로 사냥을 해야겠다는 생각을 한 후 사냥터로 나가는 행동을 하게 되는 것입니다.

인간은 본인들 앞에 사자가 나타나는 순간이 닥치면 경험에 의해 즉각적인 행동을 취합니다. 위험하다는 생각에 무의식적으로 도망을 가든지 아니면 찰나적인 의식적 생각으로 나무 위로 올라가는 등의 행동을 할 것입니다.
또한 경쟁사회에서 최선을 다해 노력한다는 것은 존경받으며 잘 살아 보겠다는 의식적 생각과 성취동기라는 무의식적 생각이 만들어 낸 결과입니다.

'생각'이란 '사고(思考)'함을 말하는데, 인간은 쉼 없이 수많은 생각을 하고 살며 그중 일부만 행동에 옮깁니다. 행동은 생각의 산물이라는 것입니다.

그렇기에 행동은 반드시 생각이라는 과정을 거쳐서 이루어지며 이는 의식적이든 무의식적이든 행동에 앞서서 반드시 생각이라는 과정이 먼저여야 한다는 것입니다.

물론 생각이 없이 갑작스레 물체가 나타나면 눈을 감는다든가 무릎을 치면 발이 올라가는 '무조건 반사(Autonomic Reflex)' 행위들이 있을 수 있습니다만 이는 동물적인, 물리적인 반응이지 행동이라고 말할 수 없습니다.

생각 ➡ 행동 ➡ 성공

예를 들어 아침 출근길에 멀리서 사장님을 봤다면 기본적으로 생각을 할 것입니다. '나가서 인사를 할 것이냐? 아니면 귀찮고 바쁘니 그냥 슬쩍 지나갈 것이냐?'라는 생각과 판단을 한 이후에 행동합니다.
사장님에게 인사를 하면 본인에게 어떤 이익이 오는지를 미리 생각한 것이죠.

이렇듯 뭔가 의식을 하는 생각이 있는가 하면 습관처럼 하는 무의식적인 생각들도 있습니다. 집에 들어오면 신발을 정리하는 친구들이 있는가 하면, 무질서하게 놔두는 친구들이 있고, 대화 중에도 자기중심적으로 대화를 이끄는 친구들이 있는 반면 상대를 배려하는 친구들도 있습니다.

또한 운전하면서도 다른 운전자에게 지기 싫다며 강한 대응을 하는 사람도 있는데 이는 어느 순간 자기도 모르는 습관적 행동으로 본인도 의식하지 못하는 자연스러운 생각과 행동들입니다.

의식과 무의식

인간은 행동함에 있어 본인이 알고 있는 의식적 생각이 되었든, 본인도 인지하지 못하는 습관과 같은 무의식적 생각이 되었든 생각, 즉 사고함이 선행된다고 말씀드렸습니다.

그러면 여러분들의 일상생활에서 의식적 생각과 무의식적 생각은 얼마나 될까요?

의식적 생각을 하는 경우는 신입사원 면접을 보러 가는 자리나, 남녀가 선을 보는 자리 등 매우 특별한 상황으로 곰곰이 생각해 보면 여러분들은 일상생활에서 의식하여 생각하고 행동하는 경우는 그렇게 많지 않습니다.

여러분들은 아침에 늘 하던 대로 일어나고, 밥 먹고, 출근하고, 회사에서 회의하고, 고객 만나고, 업무 처리를 합니다. 고객을 응대할 때도 자기도 모르게 습관화된 패턴으로 고객과 대화하죠.

하버드 대학 비즈니스 스쿨의 제럴드 잘트먼 교수는 인간의 인식 활동 중 무의식이 차지하는 비율이 95%나 된다고 이야기하고 있는데 현실적으로 모든 사람들이 의식적인 생각을 계속 유지한다면 엄청난 에너지가 필요할 것입니다.

새댁이 시집을 가 시댁 생활을 처음 할 때 모든 행동에 신경이 엄청나게 쓰입니다. 의식적인 행동을 하는 것이지요. 평소에 하던 무의식적인 행동이 무례하게 비칠 수가 있어 시어른들의 눈치를 보며 바람직한 행동만을 보여 주어야 하기에 무척 힘든 하루하루가 됩니다. 신입사원이 처음 입사를 하여 근무를 할 때도 마찬가지겠지요.

편안한 하루라는 것은 알고 보면 뭔가를 의식하지 않고 본인의 무의식적인 자연스러운 행동을 마음껏 펼칠 수 있을 때일 것입니다.

우리는 "사람은 변하기 힘들다."라는 말을 많이 합니다. 지금 책을 읽고 계시는 독자 여러분들은 동의하시는지요? 왜 많은 사람들은 사람이 변하기 힘들다고 하는 것일까요?

그 이유를 조금 파헤쳐 보겠습니다.
제가 질문을 하나 드리겠습니다. 지금 책을 읽는 독자 여러분들을 가장 잘 아는 사람은 누구일까요? 너무 바보 같은 질문인가요?

많은 이들은 "귀하를 가장 잘 아는 사람이 누구일 것이라고 생각하느냐?"라는 질문에 대다수는 본인이 본인을 가장 잘 안다고 말을 합니다. 하지만 이러한 답은 맞기도 하지만 틀린 답이기도 합니다. 본인의 키가 얼마이고, 영어를 얼마나 잘하며, 운동에 얼마나 소질이 있는지 등의 표피적은 측면은 본인이 더 잘 알 수 있고, 심리학적인 MBTI의 유형, 지능의 수준 정도는 알 수 있습니다. 하지만 본인이 지금의 직업과 배우자를 선택하게 된 배경이 무엇인지, 결정적인 순간에 본인은 왜 그런 행동을 했는지 꼬치꼬치 물어보면 거의 모든 이들이 본인도 잘 모르는, "뭔가의 이끌림에 그랬다."라고 말합니다.

어려서 공부를 열심히 한 사람들은 왜 공부를 열심히 하였을까요? 부모가 열심히 하라고 채근하여 그랬을 수 있습니다. 하지만 직장에 들어가고 나이가 들어서도 열심히 했다면 그 이유는 뭘까요? 직장 생활을 하면서 자비를 들여 박사 학위를 취득한 분들은 주위에 많습니다. 대학 학사 학위만으로도 충분한데, 이들을 50세 가까운 나이까지 공부를 하게 한 원동력은 무엇일까요? 그들은 "미래에 대비하여 자신에게 투자하면 좋을 것 같아서요."라고 말할 수 있을 것입니다. 그럼 미래에 대한 투자는 금융 투자, 부동산 등 다른 방법도 있는데 왜? 힘든 공부를 선택했냐고 물어보면 그들은 "명예롭기도 하고 하면 좋을 것 같아서요."라고 말합니다. 실은 그들도 '좋을 것 같다.'라는 느낌에 끌린 거지 파고들면 이유를 명확히 잘 모릅니다.

목숨을 걸고 에베레스트산을 오르는 사람들이 있습니다. 그들에게 왜 산을 오르냐고 물으면 꼭 하고 싶었다는 것이고, 도전에 성공하는 순간 큰 깨달음을 얻을 수 있기 때문이라고 합니다. 그런데 좀 더 깊이 "왜 깨달음을 목숨을 걸고 하느냐?"라는 질문에는 "어렸을 때부터 꿈이었다."라고 답하고 이어지는 질문에는 "멋있어 보여서요."라고 답하며 "왜? 이런 모험이 멋있어 보였는지요."라는 질문에 "그냥 끌려서요. 실은 나도 잘 모르겠습니다."라고 한답니다. 본인들도 잘 모르는 것이지요.

심리학에서 나오는 격언 중 "너는 너를 모른다."라는 말이 있습니다. 우리나라 속담 중에 "열 길 물속은 알아도 한 길 사람 속은 모른다."라는 말도 있고요. 이는 본인이 향후 어떤 행동을 할지 본인도 잘 모른다는 것입니다.

결론적으로 사람이 변화하기 힘든 이유는 본인이 본인을 잘 모르기 때문입니다. 내가 누구인지 모르기에 뭘 변해야 하는지도 모르는 것입니다. 이는 본인의 행동을 지배하는 생각의 대부분이 본인도 인지하지 못하는 무의식(無意識)이기 때문입니다.

본인의 가치관이 무엇인지? 어떤 소질을 가졌는지? 본인의 진짜 성격 유형이 어떠한지? 거의 모든 사람은 모르고 삽니다. 소크라테스가 말한 "너 자신을 알라."라는 말이 와닿는 순간입니다.

그럼 여러분을 가장 잘 아는 사람은 누구일까요?

바로 여러분을 오랫동안 관찰한 사람들입니다. 여러분들의 부모님 또는 배우자를 말할 수 있겠는데, 그들은 오랫동안 여러분을 지켜보

앉기에 결정적 순간에 여러분들이 어떤 행동을 할지 예측할 수 있습니다. 독자 여러분들도 자녀들이 결정적인 순간에 어떤 판단과 행동을 할지 대부분 압니다. 어려서부터 봐 왔기 때문입니다.

생각의 생성

그렇다면 여러분들을 지배하는 의식과 무의식의 심상(心象)은 어떻게 만들어지는 것일까요?

심리학자 프로이트는 '원초아, 초자아, 자아'의 개념을 말하였습니다. '원초아'라는 것은 유전적으로 타고난 '본능', '욕구', '동기'를 말합니다. 부모의 좋은 유전자를 받아 지능이 좋은 사람은 공부도 잘하고 문제 해결도 잘합니다. 또한 운동신경이 탁월한 사람도 있고 열정이 넘치는 사람도 있는데 이런 행동들은 유전적인 요인이 지배적이며, 이를 내적 요인(특성)이라고 말합니다.

'초자아'는 후천적으로 환경적인 요인에 의해 만들어진 '가치관과 습관'을 말합니다. 물론 가치관과 습관은 타고난 것도 있지만 주로 환경적인 요인에 의해서도 만들어집니다. 아버지가 군인인 가정환경에 살다 보니 국가에 충성하는 아버지의 모습을 자주 보게 되어 자식들도 군인이 되는 경우가 많은데 이는 아버지가 가지고 있는 가치관이 자녀에게 전이된 사례입니다.

또한 타인들과의 대화에 습관적으로 영어를 많이 사용하는 모습,

타인들의 눈치를 보지 않고 옷을 자유분방하게 입는 모습 등 살아오면서 자연스럽게 익숙해진 행동들을 볼 수 있는데 이를 환경적 요인에 의해 만들어진 습관이라고 말합니다.

'자아'는 원초아와 초자아가 합쳐진 모습을 말합니다. 예를 들어 어떤 이가 본능적으로 권력 동기가 높아서 타인들을 지휘하고 리드하려 합니다. 하지만 대상자들이 나이가 드신 분들이라면 후천적으로 배운 예절에 의해 언행에 조심하게 됩니다. 하지만 대상자들이 나이가 어린 학생들이라고 하면 본인이 지닌 본능적인 행동이 나타나게 됩니다. 상황에 따라 변하는 것이지요. 이런 행동을 자아라고 합니다.

앞서 보여 드린 하버드 대학 매클렐런드 센터의 그림을 다시 보겠습니다.

$$P = f(B, L) \Rightarrow B = g(C, S)$$

- P: Performance(성과, 성공)
- L: Luck(행운)
- S: Situation(상황)
- B: Behavior(행동)
- C: Competency(역량)

위의 그림에서도 성과 P는 행동 B와 행운 L의 결합 작품이고, 행동 B는 상황 S와 타고난 역량 C의 결합 작품이라고 말하고 있습니다. 프로이트와 매클렐런드 교수의 견해가 유사함을 볼 수 있습니다.

우리의 생각(의식과 무의식)은 타고난 내적 요인과 후천적으로 학습된 외적 요인에 의해 만들어지고 이러한 생각에 기반하여 행동이 만들어집니다. 그리고 행동의 방향과 크기에 따라 성공과 실패가 완성되어집니다.

사람의 성공은 행동이 반드시 수반되어야 하고, 행동의 시발점은 생각(사고)함에 있습니다. 그리고 그러한 생각의 대부분은 무의식적 생각입니다. 즉, 나도 인지하지 못하는 나의 무의식이 나의 행동을 지배하고 있다는 의미입니다.

이제는 생각에 대해 좀 더 살펴보도록 하겠습니다.

2

생각, 사고

1) 외적(환경적) 요인

여러분들은 가정에서 태어나고 자라났습니다. 자라나는 과정에서 학교도 가고, 종교 시설에도 가고, 친구들을 사귀고, TV 등 언론과 책을 접하면서 많은 것들을 배우고 익히죠. 이러한 과정을 '학습(學習)' 과정이라고 합니다.

학습과 공부를 혼돈하시는 분들이 있는데 이는 다른 의미입니다. 학교에서는 공부를 합니다. 선생님으로부터 지식과 기술, 태도를 배우는 과정입니다. 학습은 공부라는 과정에 경험을 더하는 것입니다. 가족들과의 여행, 동네 친구 및 선후배들과 놀이 등을 통해 다양한 경험을 하게 됩니다. 공부를 한다는 것도 큰 의미에서는 경험일 수 있습니다만 대다수 사람은 공부와 경험을 다른 의미로 받아들이죠.

우리는 어렸을 적에 어떻게 하면 이성 친구들에게 인기가 좋은지, 맛있는 음식이 무엇인지, 어떤 행동을 해야 칭찬받는지 등의 공부와는 다른 경험을 하게 됩니다. 학습은 공부에 경험을 포함하는 상위적 의미로 이러한 학습 과정을 통해 우리는 자연스럽게 해야 할 행동(Do)과 하지 말아야 할 행동(Don't)들을 익히게 됩니다.

가치관

사람은 집단과 사회생활에서 타인들의 행동을 보며 관찰 학습(Observational Learning)이라는 과정이 이루어집니다. 타인이 모범이 되는 행동을 보여 상을 받게 되면 대리 만족을 느끼며 그런 행동을 하고 싶어 하고 반대로 타인들이 체벌을 받게 되면 그러한 행동을 피하게 되는데 우리는 이러한 학습에 기반한 사회인지(Social Cognitive Theory)과정을 통해 옳고 그름을 판단하는 가치관이라는 기준이 만들어집니다.

앞서 말씀드린 것처럼 가치관은 '본인이 가장 값어치 있게 바라보는 것이 무엇이냐?'입니다. 사람은 누구나 판단의 기준인 가치관을 가지고 있습니다. 독자 여러분들은 여러분의 인생에서 가장 값어치 있고 중요하게 생각하는 것이 무엇인가요? 명예? 사랑? 돈? 가족? 건강? 인간관계? 성취? 등 다양할 것입니다. 가치관은 여러분들에게 가장 중요하기 때문에 옳고 그름의 판단 기준이 되는 것입니다.

예를 들어 지금 글을 읽고 계시는 독자분께서 회사를 옮기려 한다면 왜 옮기려 하나요? 생각(판단)의 기준이 무엇인지 여쭤보고 싶습니다.

일단 급여(돈)를 생각할 것입니다. 그다음 회사의 평판이나 이직 후의 직위(명예), 가족들의 의견(가족) 등이겠지요. 어떤 이는 직원들과의 관계가 불편해서(인간관계), 미래가 없어서(성취) 등이라고 말할 수 있습니다. 여러분의 가치관을 중심에 두고 여러분들의 가치를 만족시키면 옳은 것이고, 만족시키지 못하면 옳지 않음이 됩니다. 옳지 않기 때문에 회사를 옮기는 행동을 하게 되는 것입니다.

가치관은 여러분의 인생에 있어 중요한 결정을 할 때의 기준이 됩니다. 대학과 학과를 선택할 때, 배우자를 선택할 때, 직장을 선택할 때 등 여러분들은 여러분들만의 의사 결정 기준이 있습니다.

사람들 모두가 가지고 있는 가치관을 파악하는 방법은 다른 무의식 평가보다는 상대적으로 쉬운데 가볍게 아래를 따라 해 보시면서 여러분의 가치관을 찾아 보시길 바랍니다.

① 존경하는 분			
② 존경하는 이유	- -	- -	- -
③ 싫어하는 분			
④ 싫어하는 이유	- -	- -	- -
⑤ ④의 반대말	- -	- -	- -
⑥ ②와 ⑤에서 선정			

① 귀하께서 가장 존경하는 분은 누구인가요? 3명의 이름을 써 주십시오. 현재 실존 인물이 없다면 역사적으로 존재하였던 분도 좋고, TV 등에서의 설정 인물도 좋습니다.

② ①번란에 존경하는 분 3명의 이름을 쓰셨다면 그분이 왜 그토록 존경스러운지? 그 이유를 ②번란에 두 개씩 작성하여 주십시오. "너무나 박식해서", "내 말을 잘 들어 주어서", "돈을 많이 벌어서" 등 다양한 이유가 있을 것입니다. 두 개가 생각나지 않는다면 하나만 적어도 됩니다.

③ 이제는 싫은 사람을 고민하여 이름을 넣어 주십시오. 존경하는 분을 적을 때처럼 실존 인물이 아니어도 좋습니다. 싫어하는 분이 없으면 가까이하기 껄끄러운 사람을 써도 됩니다.

④ ③번란에 적은 싫어하는 사람의 싫어하는 이유 두 가지를 작성하여 주십시오. "자기 노력이 전혀 없어 무식함", "너무 게으름", "너무 독선적임" 등 다양한 이유가 있을 수 있습니다. 두 개가 생각나지 않는다면 하나만 적어도 됩니다.

⑤ 이제는 싫어한 이유의 반대말을 적어 보는 것입니다. "자기 노력이 전혀 없어 무식함"이라면 "늘 공부하여 박식함"이 될 것이고, "너무 게으름"이라면 "성실함"이 될 것입니다.

⑥ 이제는 마지막 작업입니다. ②의 존경하는 이유란에 있는 글귀들과 ⑤번란에 있는 싫어하는 이유의 반대말 중 귀하께서 평소에 선호하고 좋아하는, 가장 끌리는 세 개의 글귀만 선정하여 각 칸에 넣어 주십시오.

이제 가치관 진단 작업이 끝났습니다. 이제 ⑥번란에 들어 있는 글귀들을 봐 주십시오. 평소에 독자께서 자녀들이나 후배들에게 "인생은 이렇게 살아야 한단다."라는 조언을 할 때 강조하던 말과 유사한지요? 아마도 적혀 있는 내용들은 인생에 있어 매우 중요하게 여기는 것들이었을 것입니다. 이것이 책을 읽고 계시는 독자님의 가치관입니다.

습관

저는 아주 친한 친구가 몇 명 있습니다. 그런데 그중 친구 하나가 술을 과하게 마시면 꼭 술주정을 보이는 버릇이 있습니다. 평소에는 하지 않던 욕을 퍼붓고 과격한 행동을 보이는데 이는 굉장히 당혹스러운 장면입니다. 결과적으로 이 친구는 과한 주사로 인해 친구들과 멀어지는 결과를 낳고 말았습니다.

저와 같은 직장에 근무했던 후배 동료는 꼭 일을 미뤄서 처리하는 경향을 보였습니다. 제안서 등 마감 일정이 있는 일이면 미리미리 처리하길 지시하였는데도 불구하고 그 친구는 너무 느긋하게 있다가 마감 일정을 앞두고 부랴부랴 날을 세워 가면서 일을 하는 모습을 몇 차례 보게 되었는데 기본적인 인성은 좋은 친구였음에도 불구하고 아쉽게도 받아 주는 팀이 없어 재계약을 못 하는 상황이 되고 말았습니다.

이런 행동들은 본인도 인지하지 못하는 일상생활의 '버릇'인데, 한자어로는 '습관(習慣)'이라고 하며 정의는 다음과 같습니다. "어떤 행위를 오래 되풀이하는 과정에서 익혀진 행동 방식."

거의 모든 사람은 본인들의 습관을 잘 모르는 경우가 대다수인데 저는 개인 코칭을 진행하면서 비디오로 코칭 대상자들을 촬영하여 피드백하는 학습 시간을 자주 운영하고 있습니다. 이런 과정에서 많은 사람들이 본인들의 모습을 보면서 많이 놀라곤 합니다. "내가 저렇게 말을 하고 있었나요?" "내 태도가 무척 건방지군요." "내가 한 말을 내가 듣는데도 알아듣기 힘들군요." 등 다양한 반응을 보입니다.

머리를 기울인 채 말을 하는 사람, 말을 하는 중간에 에…… 에…… 등의 사이 음이 많이 들어가 거만해 보이는 사람 등 많은 이들이 본인들이 평소에 하는 행동에 많이 쑥스러워합니다.

미국의 학자 스티븐 코비(Stephen R. Covey)가 저술한 《성공하는 사람들의 7가지 습관》이라는 책은 전 세계적으로 1,500만 부 이상이 판매된 베스트셀러이고 젊은 시절 저에게도 많은 영향을 주었던 책이었습니다. "무의식적인 습관을 바꾸면 성공한다."가 이 책의 핵심 내용인데 습관을 바꾸기 위해서는 습관이 만들어지는 과정을 파악하는 것이 우선일 것입니다.

가치관과 습관의 생성

여러분들도 명확히 알지 못하는 가치관과 습관은 어떻게 만들어지는 것일까요?

여러분들은 맹모삼천지교(孟母三遷之敎)에 대해 다 아실 것입니다. 맹자가 어렸을 때 묘지 가까이 살았더니 장사 지내는 흉내를 내기에 맹자 어머니는 집을 시전(시장) 근처로 옮겼고, 그랬더니 이번에는 물건 파는 흉내를 내므로 다시 서당이 있는 곳으로 옮겼더니 타인들이 공부하는 모습을 따라 하였다는 것으로, 맹자의 어머니가 맹자의 공부를 위해 세 번 이사했다는 유명한 이야기입니다.

인간이 환경의 영향을 많이 받으며 타인이 하는 행동을 보며 따라 하는 학습 과정을 표현한 예입니다.

결론적으로 여러분들의 가치관과 습관은 타인의 행동을 따라 하면서 만들어집니다. 이러한 과정을 '누적적 학습 과정(Accumulated Learning)'이라고 하는데, 주변 누군가의 행동을 따라 하면서 되풀이되어 자연스럽게 익혀진 무의식적인 행동들인 것입니다.

여러분들도 제대로 인지하는 못하는 가치관과 습관은 주변인들이 하는 행동을 따라 하면서 자연스럽게 체득된 행동이라고 말씀드렸는데 그러면 여러분들은 주변인 중에 누구의 행동을 가장 많이 따라 하게 되었을까요?

바로 부모님입니다. 여러분들의 습관에 가장 영향을 많이 끼친 분은 어렸을 적부터 우리 행동의 좌표가 되어 주신 부모님들이십니다. 부모님들의 양육 태도는 자녀의 성격 형성에도 큰 영향을 미치고, 가정 내 부모님의 행동은 자녀의 옳고 그름을 판단하는 가치관 형성에 결정적인 영향을 미칩니다.

저희 집안은 아버님이 2대 독자이시고 고모님들도 먼 곳에 사셔서 이종사촌 간의 왕래가 거의 없이 살았습니다. 또한 제 부친은 동네 분들과도 이웃사촌이라고 말할 수 있는 분들이 몇 명 없을 정도로 타인들과의 관계에 관심을 기울이지 않았고 그래서 명절이라 하더라도 우리는 식구들끼리 단출하게 보내는 것이 일상이었습니다. 반면 제가 잘 알고 있는 선배님의 아버님은 집안의 종손이었고 사람들과 어울리길 좋아해 집에 손님이 끊긴 적이 없었다고 합니다. 지금도 그 선배님 주위에는 항상 사람들이 많습니다. 나의 관점에서는 이해하지 못하지만 그 선배님은 타인들에게 그렇게 너그러울 수 없습니다. 사람들과의 관계를 중시하는 아버님의 가치관이 자녀들에게 전이된 모습입니다.

우리네 부모님들은 유교(儒敎)의 사농공상(士農工商)의 영향을 받아서인지 공부를 그렇게 강조하셨습니다. 부모님의 관점에서 공부는 가장 중요한 가치였고 절대 목표였죠. 그래서인지 우리 세대에서는 학교에서의 성적이 절대 가치였습니다.

문화의 형성

이러한 부모님들의 행동과 가르침은 가풍(家風)이라는 것을 만듭니다. 즉, 가족의 문화(文化)입니다.

어떤 집안은 명예와 성공을 중시하고, 어떤 집안은 가난하게 살더라도 가족 간의 우애를 강조하며, 어떤 집안은 이익과 사욕을 중시하여 '콩가루 집안'이라는 불명예를 안고 사는데 이러한 가풍의 차이는 가족 구성원들의 행동의 차이를 나타냅니다.

아버지가 늘 공부를 열심히 하시고 자중자애(自重自愛)하는 모습을 배우자와 자식들에게 보여 주셨다면 아마 어머니도 아버지의 행동을 보며 같이 공부를 하거나, 공부를 하지 않더라도 공부에 방해되는 행동을 조심하셨을 것입니다. 이러한 부모들의 행동은 장남에게 이어지고 장남은 동생들에게 공부와 자중자애하는 솔선수범의 모습을 보이고자 노력을 했을 것이며 그러면 장남은 부모님으로부터 칭찬을 듣게 되고 이런 칭찬을 들은 장남은 더 큰 보상을 받고 싶어 더욱 노력을 하는 모습을 보이게 됩니다. 이렇게 되면 이 집안은 자연스레 공부하는 모습이 옳음(Do)이 되고 공부를 하지 않은 모습은 그름(Don't)이 되며 그러면서 가정 내 가족들이 가장 중요하게 여기는 가치로 '늘 공부함과 자중자애하는 행동'이 만들어지게 됩니다. 가정이라는 집단 안에서 행동함의 원칙과 기준이 되는 가치(Value)가 만들어지는 과정으로 이를 문화라고 합니다. 집안의 가훈(家訓)은 그 집안의 리더인 부모님들이 지향하는 가치를 보여 주는 예입니다.

같은 문화 집단 내에 있는 구성원들은 유사한 행동을 보이게 되는데 그들은 그들이 옳다고 여기는 행동들을 우선적으로 보여 주기에 형제들의 행동이 비슷해 보이는 것입니다. 이러한 형제들은 유사한 가치관을 지니게 되며 이는 부모님들의 가치관이 자녀들에게 오랜 기간 누적적으로 학습되는 과정의 산물입니다.

가정을 벗어나 학교에 가면 선생님이 계십니다. 선생님들은 지식과 기술, 태도를 가르쳐 주셨습니다. 부모님이나 형제 다음으로 우리에게 많은 영향을 미치신 분들입니다. 절이나 교회, 성당에 가면

스님, 목사님, 신부님들이 계셨는데 우리의 롤모델(Role Model)이셨던 분들로 주로 삶의 방식과 태도를 알려 주셨습니다. 이 외에도 동네의 선배님과 친구들을 통해서도, 위인전기집 등 책을 통해서도 가르침을 배우게 됩니다. 또한 TV나 영화 등의 매체를 통해서도 학습이 이루어지게 되는데 TV 연속극에서 나온 주인공의 행동을 보며 바람직하다고 느껴 그 행동을 취하게 되는 경우가 많습니다.

저는 어린 시절 최불암 씨가 주인공으로 나오는 〈수사반장〉이라는 TV 프로그램을 자주 보았는데 당시의 〈수사반장〉은 최고 시청률의 프로그램이었습니다.

〈수사반장〉은 경찰서의 수사팀이 죄를 지은 사람들을 잡는 과정을 보여 주는 흐름이었는데 내용은 단순했습니다. '권선징악', '죄를 지으면 벌을 받는다.'입니다. 그 프로그램으로 인해 "죄는 옳지 않으며 죄를 지으면 안 된다."라는 가치가 만들어지게 되었습니다.

문화와 행동

우리는 주변의 친구들로부터 많은 것을 배우고 따라 행동하면서 일련의 행동의 원칙을 형성해 가고 무의식적으로 사용하게 됩니다.

예비군 훈련장의 예를 본다면 인간행동의 변화를 금방 느낄 수 있습니다. 흐트러지는 모습이 일반적인, 예비군 훈련장에서의 예비군들의 모습은 타인들이 하는 행동을 모방하는 좋은 예입니다. 평소에는 순응적이고 착한 사람들도 타인들이 보여 주는 자신감 넘치는 일탈의 모습을 보며 평소와는 다른 이른바 '개기는' 행동을 하게 됩니다. 이러한 행동은 다른 사람들에게도 전달되어 모든 이들이 유사한 행동이 보이게 되며, 예비군 훈련장에서의 행동의 기준으로 정착되게 됩니다.

그러나 훈련에 참여했던 예비군들은 일상으로 돌아오면 바로 원래의 모습으로 돌아오게 되는데 이는 원래의 문화로 오게 된 것이죠. 예비군에서 민간인으로 돌아오면 원래의 환경에 맞추어 평소의 행동을 하게 됩니다.

이와 같은 현상을 다른 관점에서 '동조화(同調化)' 현상이라고 하는데 주변의 타인들이 하는 행동을 따라 하는 것으로 이는 횡단보도 앞에서 다른 사람들이 빨간불에 길을 건너면 따라 하는 현상을 예로 들 수 있습니다. 주변 사람들이 하는 행동을 보면서 왠지 따라 하지 않으면 안 될 것 같은 압박감에 본인의 의지와 다르게 따라 하는 행동을 말합니다.

예비군 훈련장의 일탈 행동은 변호사가 되었든, 의사가 되었든 예비군복을 입고 훈련장 내에 있다면 주변인들과 유사한 행동을 보입니다.

우리나라 문화는 집단화와 서열화에 매우 익숙합니다. 우리는 처음 보는 사람들과 대화 시에 첫 질문이 대다수 "고향이 어디냐?" "나이가 몇 살이냐?"입니다. 우리의 집단적인 습관으로 고향이 같으면 우리는 오랜 친척을 만난 양 즉흥적으로 친근감을 표시하는데 집단화가 이루어지고 있는 과정입니다. 이어지는 나이를 물어보는 질문에서 만약 상대의 나이가 낮게 되면 선후배 관계의 서열이 바로 이루어집니다. 후배는 선배보다 나이가 어려 모르기에 선배가 가르쳐야 하고, 선배는 금전적인 부분 등 많은 책임을 져야 합니다. 반면 나이가 어린 후배는 선배를 향해 처음 만난 사이일지라도 선배님 또는 형님이라고 부르며 존경을 표시해야 하죠. 이러한 행동들이 우리의 문화적 관습이며 서양인들과는 다른 행동입니다.

이렇듯 문화는 인간의 행동에 매우 중요한 요소로 가정의 문화, 집단(종교·사교·운동 모임 등)의 문화, 직장조직의 문화, 사회의 문화, 국가의 문화 등으로 우리는 많은 문화 환경에 둘러싸여 있으며 이러한 문화의 특성에 따라 언어, 복장, 음식, 건물 양식, 행동 양식들이 다릅니다.

여기에서 독자 여러분들께 질문을 하나 드리겠습니다. 여러분들은 현재 자유롭게 살아가고 있다고 생각하는가요? 여러분들은 얼마나 자유를 누리고 계시는가요?

곰곰이 따져 보면, 자식으로서, 직장인으로서, 부모로서 여러분들의 행동은 결코 자유로울 수 없습니다.
젊었을 적엔 그나마 자유로울 수 있었습니다. 그렇지만 나이 먹어 가면서 우리를 제어하는 것들이 한두 가지가 아닙니다. 직장 생활을 하게 되면 직장인에 맞는 복장과 언어가 있습니다. 요즘 아무리 캐주얼해졌다고 하더라도 대학생 때 입었던 옷과 직장인의 옷은 다를 수밖에 없습니다. 또한 말투도 바뀝니다. 만약에 대학생 때의 옷과 말투를 유지한다면 뭔가 부족하다는 비웃음을 듣게 됩니다.

직장 생활을 하면서 나이를 먹어 가고 직급이 올라가면 직분에 맞는 복장과 행동이 필요합니다. 팀장님이 라운드 티셔츠를 입고 출근하면 회사의 복장 규정에 위배될 뿐만 아니라 주변의 시선이 따갑습니다. "팀장이라는 분이 격에 안 맞게……. 말도 경망스럽게 하시네." 등으로 핀잔을 듣게 되는데 직장의 상사들은 항상 반듯한 헤어스타일과 복장, 격조 있는 언어를 사용하고 부하 직원들과 식사 등을 하게 될 때는 항상 솔선수범의 모습을 보여 주셔야 합니다. 이른바 품위 유지가 필요한 것이죠.

이렇듯 우리는 우리 문화에 기반한 행동의 원칙이 있습니다. 이를 어기면 '이단아'로 불리며 군대에서는 '고문관'으로 어려움을 겪게 되지요. 우리에게는 우리만의 '옷 입는 방식', '말하는 방식', '관계를 맺는 방식' 등의 살아가는 방식이 있습니다. 이러한 방식(Way)들은 문화와 환경에 영향을 받은 산물입니다.

문화와 가치

사람이 두 명 모이는 순간부터 이들을 집단[8]이라고 하며 집단 내

---

[8] 집단과 조직은 개념은 다릅니다. 집단에 참가하는 사람들의 역할은 같을 수 있습니다. 산악회에 참여하는 회원들은 회장과 총무를 제외하고는 역할과 책임은 같습니다. 하지만 조직화(組織化)되면 구성원들은 각자의 역할과 책임이 존재하게 됩니다. 여러분들이 소속된 집단은 조직입니다. 그

에는 반드시 공유된 행동의 기준이 있게 됩니다.

　부부가 결혼을 하면 초기에는 부부싸움도 많이 하게 되는데, 이는 결혼하기 전에 익숙한 본인만의 행동이 있기 때문입니다.

　아내는 서구식 외식을 좋아하고(시집을 오기 전 외식을 자주 하였고, 서구식 음식 문화를 좋아함) 남편은 집에서 아내가 해 주는 된장찌개를 좋아한다면 상호 간에 기대하는 것이 다르기 때문에 갈등이 있을 수 있습니다. 하지만 어느 정도 시간이 지나면 상호 합의에 의해 행동의 기준과 원칙이 만들어지게 되는데 이런 과정이 가족의 문화가 형성되는 단계입니다. 이러한 가정의 원칙은 자녀들이 태어나도 그대로 유지되고 자녀들에게 이러한 행동을 몸으로 보여 주며 가르치게 됩니다.

　가정이라는 집단 외에 사회적인 집단에서도 가치들이 존재합니다. 우리는 종교, 스포츠, 취미, 자기계발, 친교 등의 다양한 모임에 가입하고 활동하고 있습니다. 종교 집단이 추구하는 가치는 평화, 사랑, 평안 등으로 대체로 일치합니다만 스포츠 모임들은 종목에 따라, 구성원들의 나이에 따라 많이 다릅니다. 예를 들어 축구 모임은 승리를 위한 팀워크를 중시합니다. 하지만 등산 모임은 사교와 건강을 중시하죠.

러기에 사장, 본부장, 팀장, 팀원의 계층과 영업, 생산, 경영지원, 연구개발 직능이 있습니다. 각자의 역할과 책임이 있습니다. 친교 모임과 같은 집단은 원래는 비공식, 자발성 집단이었지만 조직화될 수 있습니다. 집단의 규모가 커지면서 효과적인 관리가 필요하여 회장단과 각자에게 역할과 책임을 주었다면 조직으로 말할 수 있습니다.

여러분들은 여러 모임에 가입을 했다가 탈퇴를 한 경험이 있을 것입니다. 그 이유로는 "나와 맞질 않는다."라는 표현을 주로 쓰는데 이는 가치가 맞지 않는다는 겁니다. 즉, 가치의 충돌이 일어난 것으로 이혼한 부부들의 주된 사유이기도 합니다.

보편적 가치

사회 구성원의 일원으로서 여러분들의 개인적인 가치들이 모아져서 사회적인 가치를 만들어 내는데 이것을 바로 '보편적 가치(Universal Value)'라고 합니다. 보편적인 가치는 '사회에 공유된 가치'로서 그 사회의 질서는 만들어 내는 기준으로 엄청난 힘을 지닙니다.

우리나라에서 가장 상위법은 무엇일까요? 우리나라는 성문법에 기반을 둔 국가로서 헌법이 가치 판단에 가장 상위 기준이 되어야 합니다. 하지만 실질적으로 이보다 높은 법이 있습니다. 바로 '국민정서법'입니다. 이는 사회 구성원들인 국민들이 느끼는 중요하게 여기는 그 무엇으로 그 누구도 이길 수 없는 강력한 가치이자 정서(情緒)입니다. 실정법상 판결이 끝난 사건도 국민정서법에 걸리면 꼼짝 못 하죠.

그 대표적인 사례가 가수인 유승준 씨 사건입니다. 유승준 씨는 1990년대 한국 내에서 〈가위〉, 〈나나나〉 등으로 대단한 인기를 모은 댄스가수였습니다. 유 씨는 미국 영주권자로서 병역 의무는 없었으나 "제1 연평해전에서 느낀 것이 많아 해병대에 입대할 것"이라고 공언하며 '바른 청년'의 이미지로 사랑을 받아 왔습니다. 하지만 2002년 공익근무요원 소집을 앞두고 미국으로 건너가 미국 국적을 취득해 병역 의무를 피하면서 비난 여론이 크게 일었습니다. 유 씨는 "국민을 우롱하거나 의도적인 계획으로 거짓말을 하지 않았다."라며 "2년 반 사회 복무를 하고 나면 제 나이가 거의 서른이다. 댄스 가수의 생명이 짧은 것을 저 자신이 너무 잘 알기 때문에 번복했으나 최선의 선택이었다."라며 해명을 했으나 대중의 시선은 싸늘했고 병무청은 병역 회피의 대표적 사례로 입국금지 조치를 내려 입국을 막았습니다.

그로부터 13년이 지난 2015년, 유 씨는 한국 LA총영사관에 한국 입국을 위한 비자 발급을 신청했고 당시 재외동포법에 따르면 "병역을 기피할 목적으로 대한민국 국적을 상실해 외국인이 된 경우에 38세가 되면 안전보장 저해 등 특별한 사정이 없는 한 입국금지 대상이 될 수 없다."였습니다. 유 씨가 비자를 신청했을 당시의 나이가 38세였고 실정법상 입국이 가능했습니다.

하지만 LA총영사관은 2002년 법무부장관의 입국금지 결정을 근거로 비자발급을 거부했고 이에 유 씨는 민사소송을 제기했으며 대법원은 입국금지 조치가 위법하다고 판결했습니다. 유 씨의 손을 들어 준 것입니다. 그러나 대법원의 판결에도 불구하고 유 씨의 비자 신청은 LA총영사관으로부터 또 거부당했습니다. 그 이유는 유 씨가 한국에 입국할 경우 "대한민국의 안전보장과 질서유지, 공공복리에 저해가 될 수 있다."라는 재외동포법을 그 근거로 삼았지만 그 이면은 국민의 여론이 유승준 씨의 입국을 반대하고 있었기 때문입니다. 국민의 정서에 맞지 않는다는 것이지요.

유승준 씨 사건 이후로 우리나라에서는 "연예인으로 성공하려면 무조건 군대를 다녀와야 한다."라는 원칙이 만들어졌습니다. 유승준 씨의 사례를 보면서 학습이 된 것입니다.

위의 사례 외에도 보편적 가치가 사회의 질서와 문화를 만드는 예로는 2000년대 초 IMF부터 긴급 자금을 빌려 어려움을 겪던 당시 우리가 보여 준 금 모으기 운동입니다.

또한 태안반도에서 기름이 유출되었을 때 그 추운 겨울임에도 불구하고 기름때 청소를 위한 국민들의 참여는 엄청났고 우리나라 국민들이 보여 준 이러한 행동들은 전 세계적으로 큰 반향을 일으켰었습니다.

외국인들이 한국인들에게 놀라는 여러 가지 중의 하나가 스마트폰 같은 고가의 물품을 아무 데나 놓아두어도 훔쳐 가지 않는다거나, 남의 지갑을 주어도 돌려주는 사례가 많다는 것입니다. 외국에서는 꿈도 꿀 수 없는 행동인데, 이는 우리나라 사람들만의 행동 원칙입니다.

이러한 국민들의 행동은 어디에서 나온 것일까요? 그렇게 해야 될 것만 같은 느낌과 끌림이었을 것입니다. 그것이 바로 우리를 지배하는 '보편적인 가치' 즉, 문화이며 집단 지성입니다.

이러한 국가 구성원들의 공유된 가치는 국가의 문화를 만들어 냅니다. 세계 각 국가들은 나름의 행동의 기준을 가지고 있는데 일본은 문화인류학적으로 매우 독특한 문화를 가진 집단입니다. 그중 본인의 배를 갈라서 자결하는 할복(割腹) 문화는 전 세계적으로 유일무이한 문화인데, 일본인들은 이러한 할복을 큰 명예로 생각합니다. 전쟁에서 졌을 때, 사무라이가 자신의 결백을 증명하거나 명예를 입증할 때, 자신이 모시던 주군이나 주인이 사망하여 함께 자결할 때, 남편이 사망하여 아내가 남편을 따라 죽어야 할 때 등에 보여 주는 행동으로 서구인들의 관점에서 할복 문화는 상상할 수도 없는 기괴한 행동일 것입니다만 일본인들은 이러한 행동을 매우 명예로운 가치로 자랑하고 있다는 것입니다. 할복을 명예롭다고 생각하는 일본인들과 그러한 행동을 이해하지 못하는 서구인들의 행동은 어떤 문제 상황이 도래하면 분명 다를 것입니다.

일하는 방식

가족, 기업, 사회, 국가 등에 공유된 가치는 생각의 원칙으로 체화되어 이에 기반을 둔 행동을 보여 줍니다. 즉, 행동 양태가 다르다는 의미입니다. 행동이 다르다는 말은 '삶의 방식', '일하는 방식'의 다름을 말하고 삶의 방식과 일하는 방식의 다름은 집단과 국가의 성과에 많은 영향을 미칩니다.

우리나라 사람들의 일하는 방식 중에 가장 익숙한 것이 무엇인가요? 제가 기억하기로는 '빨리빨리'입니다. 빨리빨리 일하는 방식에

허점이 있을 수 있지만 그럼에도 상대를 이길 수 있는 중요한 무기로서 외국인들에게 한국을 각인시키는 데 충분하였습니다.

말레이시아의 수도 쿠알라룸푸르에 위치한, 쌍둥이 빌딩이라고도 불리는 '페트로나스 트윈 타워' 공사의 스토리는 한국인들의 일하는 방식을 알리는 대표적인 사례입니다. 이 빌딩은 1992년 착공이 시작되어 1998년 완공된, 지하 5층~지상 88층 규모로 높이만 451.9m에 이르는 말레이시아의 랜드마크입니다.

페트로나스 트윈 타워는 한국의 삼성물산과 일본의 하자마(HAZAMA)건설이 한 동씩 짓는 방식으로 참여하여 건설 부분에 한일전이 벌어졌습니다. 삼성물산은 당시 고층 빌딩을 지은 경험이 없어 국내 극동건설과 손을 잡고 참여하는 등 수주를 위한 과정에 우

| 페트로나스 트윈 타워 |

여곡절이 있어 일본 건설사에 비해 35일이나 늦게 공사를 시작하였습니다. 일본의 건설사 하자마는 한국의 경부선, 수풍댐 건설 경험이 있는 세계적인 기업이었습니다.

일본 하자마건설이 한 개 층을 올리는 데 평균 일주일 걸리는 상황에서 한 달이나 늦은 삼성물산이 27개월에 불과한 공기를 맞추기 위해서는 더 빠르게 층을 올리는 수밖에 없었습니다. 건설 경험이

없는 삼성물산은 신공법을 개발해 가며 늦어진 공기를 단축하기 위해 최선을 다했고 양측은 자존심을 건 속도전이 벌어지게 되었습니다. 최고층의 마지막 콘크리트 타설 역시 일본이 4시간 앞섰지만 결국은 일본보다 2시간 16분 빠른 기록으로 88층에 마지막 콘크리트를 쏟아 부었고 한국 삼성물산의 승리로 끝났습니다. 하자마건설도 일본 내의 전문가를 불러 최선을 다했지만 결과는 우리 '빨리빨리'의 승리였습니다.

행동방식의 생성

현대경영학의 아버지로 불리는 피터 드러커(Peter Ferdinand Drucker)는 '기업가 정신'이 가장 높은 나라로서 한국을 꼽은 바 있습니다. 드러커가 말한 기업가 정신은 "변화를 탐구하고, 변화에 대응하며, 변화를 기회로 이용하는 자"라고 정의하고 있습니다.

우리나라는 1953년 한국전쟁 이후 세계에서 가장 가난한 나라였습니다. 당시 우리나라의 1인당 GDP는 67달러였고, 세 끼 밥을 못 먹을 정도로 가난하였습니다. 그러나 민주화 달성, 경제규모 세계 10위권, K팝, K드라마 등 세계를 선도하는 대중문화, 세계 10위권의 스포츠 강국 등으로 한국은 선진국으로 반열에 올랐습니다. 그것도 남북이 대치된 상황에서 말입니다.

현재의 대한민국을 만든 가장 큰 성공 요인은 우리 국민들이 적극적으로, 바르고 정확하게 그러면서 빠르게 행동하였다는 것입니다.

이런 행동의 배경에는 생각함이 있었습니다. 우리의 생각은 문화와 환경에서 나오는 무의식적인 가치관과 습관에 기반을 둔 우리의 '삶의 방식과 일하는 방식'이었습니다.

빨리빨리, 고통을 감내하는 인내심, 뭔가를 배우려 하는 욕구, 밤잠을 설쳐 가며 맡은 일에 끝을 내려는 자세 등은 어디에서 나오는 것일까요?

이는 누군가의 행동을 따라 한 결과였고, 우리의 행동에 가장 영향을 미친 이들은 우리들의 부모, 선배, 동료들이었습니다. 즉, '리더(Leader)'였습니다. 우리의 리더들도 앞선 그들의 리더들의 모습을 보며 영향을 받아 행동의 원칙이 만들어졌을 것입니다.

우리의 부모들도 누군가를 따라 했다는 것입니다. 그렇게 쫓아가다 보면 역사적 인물로 연결됩니다. 세종대왕, 이순신, 김구, 박정희, 김대중, 노무현 등 우리의 리더들이 보여 준 '리더십(Leadership)'이 지금의 우리의 가치관을 만들고 습관을 만들었습니다.

역사가 중요함을 느낄 수 있는 대목입니다.

1970년대 우리나라는 자체적으로 자동차를 만들 수 없는 나라였습니다. 이때 정부의 '중화학 공업정책'에 현대자동차는 독자적인 고유 모델을 만들기로 합니다. 하지만 자동차를 만들기에는 가지고 있는 기술이 너무 열악했습니다.

현대자동차에서는 이충구 대리 등 직원 6명을 생면부지의 이탈리아로 기술 연수를 보냅니다. 설계와 스타일링, 프로토타입 제작을 맡은 '이탈디자인(Ital Design)'에서 작업 과정을 배운 뒤 국내 공장에서 실현하는 것이 그들의 임무였습니다. 그러나 막상 가 본 현장은 막막함 그 자체였다고 합니다. 그들은 이탈리아 언어를 아는 것도 아니었고 이탈리아 사람들은 이들에게 호의적이지도 않았습니다. 핵심 기술은 철저히 숨기고 복사조차 못 하게 하는 그들의 눈을 피해 설계의 전 과정과 도면을 일일이 노트에 손으로 옮겼던 것입니다. 이해도 못 하는 이탈리아어를 마치 암호같이 옮겨 적으면서 밤에는 낮의 상황을 복기하며 노트를 정리하였습니다. 이렇게 정리된 노트가 3권이었으며 이는 한국 최초 자동차 독자모델 '포니' 탄생의 산파 역할을 하게 됩니다.

현재 현대자동차는 세계 굴지의 자동차기업으로 우뚝 섰습니다. 이렇게 성장할 수 있었던 주된 요인 중에 하나는 현대자동차 구성원들의 일하는 방식이 다르다는 것입니다. 제가 경험해 본 현대자동차의 직원들은 매우 적극적이었습니다. 적극적으로 일한다는 것은, 그런 모습을 누구에겐가 배웠다는 것입니다. 이충구 대리라는 리더가 보여 준 리더십이 현대자동차 구성원들의 일하는 방식인 공유된 가치관과 습관에 영향을 많이 미쳤다는 것은 자명한 사실입니다.

｜ 이 대리의 노트 ｜

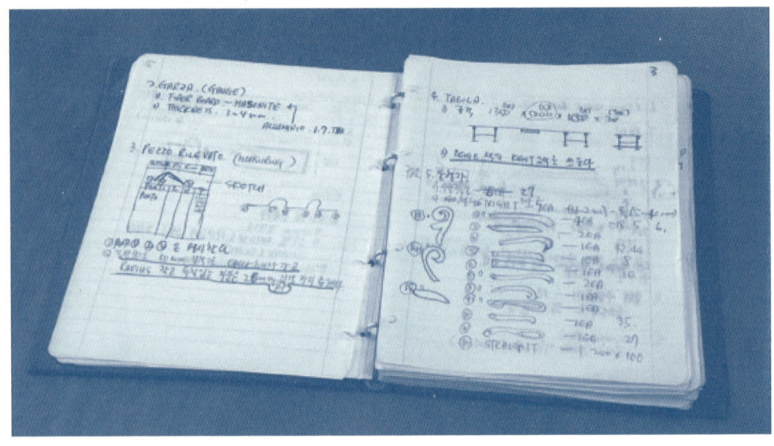

　성장하는 회사를 보면 분명히 직원들의 일하는 모습이 다릅니다. 일을 대하는 자세, 문제 해결의 방법, 회의 등의 소통하는 모습은 대학에서 배워 온 것이 아닙니다. 회사에 입사한 이후 누군가의 일하는 모습이 좋아 보여 따라 하는 것입니다. 그러면서 익힌 것입니다.

　이충구 대리도 입사 이후에 누군가에게 일하는 방식을 배웠을 것이고 그렇게 쫓아 올라가다 보면 현대그룹의 창업자인 故 정주영 회장을 만나게 되는데, 회사의 가치와 문화, 즉 일하는 방식은 창업자의 가치관과 일하는 방식에 의해 토대가 닦이게 됩니다.

　우리나라 사람들에게 역사상 가장 수치스러운 일이 무엇이냐고 물어보면 조선시대 16대 왕 인조 때 일어난 병자호란 당시의 '삼전도 굴욕'을 이야기할 수 있습니다만 뭐니 뭐니 해도 일제강점 36년

일 것입니다.

저는 조선이 왜 망했을까? 왜 한 수 아래로 생각했던 일본에게 처절하게 당했을까? 고민한 적이 있습니다. 제 견해로는 당시 고종을 비롯한 지도자들의 리더십이 부족했다고 말할 수 있고 그중에서도 '변화관리'에 실패했다는 것입니다. 일본은 일찍이 메이지 유신을 통해 변화에 성공했지만, 대한조선은 쇄국정책을 쓰며 변화를 외면했습니다. 그 결과 대대손손 통한의 역사를 만들어 주고 말았습니다.

문화는 리더들의 바람직한 행동을 따라 하며 굳어지기도 하지만 치욕적인 장면을 다시 접하지 않으려는 의식에서 만들어지기도 합니다. 일본에게 당했던 우리는 고통의 역사를 다시 되풀이하지 말아야 한다는 무의식이 우리 국민에게 깊이 박혀 있는 것입니다. 그래서 일본과의 경제, 스포츠 경기를 포함한 모든 것에 강한 승부욕이 발동됩니다. 우리는 일본에게 나라를 빼앗기는 바보 같은 행동을 다시는 하지 않을 것입니다.

돌이켜 보면 우리들이 하고 있는 일상적인 생각과 행동들은 그 근원이 있음을 알 수 있습니다. 그 근원 중에 환경적인 요인들을 바라보았는데 이제는 내적인 관점에서 고민해 보겠습니다.

2) 내적(유전적) 요인

인간을 행동하게 하는 생각의 요건은 환경에 지배받아 만들어진 외적 요인과 선천적으로 부모에게 물려받은 내적 요인으로 완성되는데 이들의 합을 '역량(Competency)'이라고 합니다.

독자 여러분들은 공부를 열심히 하여 지금의 자리에 와 계십니다. 공부를 왜 그렇게 열심히 하셨는지요? 물론 부모의 역할도 컸을 것입니다만 궁극적으로 여러분들이 열심히 한 결과입니다. 여러분들도 잘 인지하지 못하는, 무의식의 심상인 '가치관', '자기 이미지', '특질', '동기' 등이 움직였기 때문입니다.

여러분들이 지니고 있는, 후천적으로 공부라는 과정을 통해 만들어진 지식이나 기술 역량은 알고 보면 내적 요인이 발동된 결과입니다.

역량을 소개하기 위해 빙산 모델을 많이 사용하는데 이를 기반으로 설명드리겠습니다.

| 빙산 모델 |

 빙산 모델에서 수면 위에 나와 있는 부분은 기술과 지식입니다. 기술과 지식은 소위 스펙(Spec)이라고 불리는 것들로, 사람을 평가할 때 중요한 기준으로 작용하고 있습니다.
 자격증은 어느 정도의 지식과 기술을 가지고 있는가를 증명하는 것으로 기술과 지식은 여러분이 스스로 인지하고 파악할 수 있습니다. 본인의 영어 실력을 토익TOEIC, 토플TOEFL 등의 평가 도구를 통해 바로 확인할 수 있고 지식수준도 학업 성취도 평가 등으로 어렵지 않게 인지할 수 있습니다.

 이러한 기술과 지식은 상대적으로 수면 아래의 다른 요인들보다 측정이 쉽고, 그래서 개발과 변화가 용이합니다.

 기술(Skill)은 반복하면 향상되는 것들을 말합니다. 지식에 비해 덜 논리화되어 있는 영역으로 영어는 기술에 속합니다. 언어 능력을

'Language skill'이라고 하지, 'Language knowledge'라고 표현하지는 않죠. 운전, 암벽 등반, 용접, 발표 등의 기술은 반복 훈련으로 실력이 늘어납니다.

지식(Knowledge)은 선후 관계가 있고 논리가 구체화되어 있는 영역을 말하는데 지식의 예로는 물리, 수학, 화학 등 학업 성취도 평가의 주요 요소를 말할 수 있습니다.

그렇다면 기술과 지식은 어떠한 요인에 의해 만들어질까요?

우리는 공부를 열심히 하는 친구, 매사에 적극적이고 사람들과 관계를 잘 맺는 친구들과 그렇지 못한 친구 등 다양한 사람을 만나게 되는데 왜 어떤 이는 공부를 열심히 하려 하고 어떤 이는 그렇지 않을까요? 왜 어떤 이는 타인과의 관계를 중요하게 여길까요?

이러한 차이를 만드는 것은 빙산의 수면 아래에 있는 요인들입니다. 수면 아래에 있다는 것은 여러분이 인지하지 못하는, 무의식 영역에 속해 있다는 의미로 이 수면 아래에 있는 요소는 여러분의 것이지만 여러분은 잘 알지 못합니다. 하지만 여러분이 잘 알지 못하는 이것들이 여러분의 행동에 절대적인 영향을 미칩니다.

수면 아래의 영역에서 깊이 내려갈수록 선천적인 타고난 측면이 강해지고, 측정도 어렵고, 무의식의 강도는 강해져 변화도 힘듭니다.

여러분들이 인지하지 못한다는 것입니다.

빙산의 구조는 10% 정도만 수면 위에 있고 나머지 90%는 수면 아래에 있다고 합니다. 비유적으로 여러분들이 여러분들에 대해 알고 있는 것이 수면 위의 10% 정도밖에 되지 않고 여러분들이 인지하지 못하는 여러분들의 심리적인 실체의 90%는 수면 아래에 있다고 보시면 됩니다.

빙산의 수면 아래에서 가장 첫 번째에 있는 요소는 '가치(Value)'입니다. 가치는 인간 개인이 가지고 있는 가장 중요한 그 무엇을 말하는데 앞서 말씀드린 바와 같이 가치관은 후천적인 학습에 의해 만들어지지만, 선천적인 측면도 반영이 되어 형성됩니다. 선천적으로 정직한 사람은 타락한 집단에 들어가 부정한 행동을 한다고 해도 그 정도는 약합니다. 즉, 타고난 정직성이 발휘된 결과입니다.

빙산 모델에서 가치 아래에 위치한 자기 이미지(Self-Image)는 개인의 미션(Mission)과 같은 의미라고 생각하면 됩니다. 종교적인 의미에서의 미션이 아닌, 인간 개인의 존재의 이유 또는 삶의 사명입니다. 예를 들어, '엄마' 혹은 '아빠'라는 이미지는 대상자의 행동에 많은 영향을 미치는데 '엄마이기에', '자식 가진 사람으로서' 등의 표현을 통해 본인의 역할과 책임을 규정한다면 행동은 많이 달라지게 됩니다. 이 외에도 여러분들은 인지하지 못하지만 '공직자로서', '선생으로서', '성직자로서' 등의 단어를 쓰는 순간 행동의 반경은 급격히 줄어들게 되죠. 반면 시장에서 장사를 하는 분들은 이런 말을 합니다. "장사하는 사람들이 다 그렇지 뭐."라고 하며 자신을 합리화

시키고 본인의 이미지를 격하시켜 버립니다. 본인도 모르게 본인의 이미지를 스스로 만드는 과정입니다.

　의사는 히포크라테스 선서를 함으로써 직업적인 미션, 즉 사명을 정의합니다. 또한 공무원, 경찰, 간호사, 일반 회사원, 자영업자 등 직업군에 따라 서로 다른 사명 의식을 가지고 있으며 사회계층에 따라 사명을 살펴보면, 사회지도층과 그렇지 않은 계층은 다른 사명 의식을 보입니다. 종교적인 관점에서 목사님, 신부님, 스님 등은 본인들의 사명을 인식함으로써 정제된 삶을 살고, 종교인들은 종교의 가르침에 따라 사회에 대한 역할과 책임을 다하려 합니다. 예를 들어, 기독교에서는 모든 기독교인들에게 '세상의 소금과 빛'이 될 것을 강조합니다. '세상의 소금과 빛'이 되는 것이 곧 그들의 가치관이 되고 사명이 되는 것입니다.
　여러분은 어떠한 삶의 사명을 가지고 있나요? 분명히 여러분도 인지하지 못하는, 여러분만의 본인을 규정짓는 이미지가 있을 것입니다. 본인의 이미지를 찾기 위해서는 스스로의 깊은 성찰과 전문가의 도움이 필요합니다.

　빙산 모델 중 자기이미지 아래에 있는 개인의 특질(Trait)은 타고난 소질, 기질 등으로 소개할 수 있습니다. 김연아 선수는 왜 그렇게 피겨스케이팅을 잘할까? 피카소는 어떤 소질을 지닌 것일까? 첼리스트 장한나의 음악적 감수성은 어디서 오는 걸까? 손흥민 선수는 어쩌면 축구를 저렇게 잘할까?

위의 개인의 소질과 관련된 요소들과 사물의 원리나 구조를 찾아내어 새로운 원칙을 만들고 문제의 원인을 빠르게 찾아내는 지능인 인지 역량, 창의력, 전략적 사고력 등이 특질에 속합니다.

빙산 모델 가장 아래에 있는 동기(Motive)는 무의식의 가장 깊은 곳에 위치하고 있어, 스스로 파악할 수 없는 역량입니다. 동기는 행동사건인터뷰(BEI: Behavior Event Interview), 주제통각검사(TAT: Thematic Apperception Test) 등의 고도화된 역량평가 기법을 통해 평가가 가능합니다.

내적 특성
하버드 대학 심리학과 매클렐런드 교수는 인간의 동기를 '사회적 동기'라고 표현하면서 이를 성취동기, 관계동기, 권력동기의 세 가지로 정리하였습니다.

최근에는 역량평가가 일반화되고 있는 추세인데 역량평가의 핵심은 특질의 영역에 있는 지능, 동기의 영역에 있는 성취, 관계, 권력 동기를 기반으로 평가가 이루어집니다. 여러분들도 인지하지 못하는 여러분들의 무의식을 평가하는 것입니다.

같은 환경에 태어난 형제라고 할지라도 행동의 유사성은 보이지만 다른 부분들도 많습니다. 연기자인 송일국 씨는 대한, 민국, 만세 삼둥이의 아빠입니다. 이 삼둥이들은 일정 부분의 행동은 같은 양태를 보이지만 각각 다른 부분들도 많을 것으로 생각됩니다.

　송일국 씨는 선친들로부터 많은 영향을 받았을 것입니다. 모친은 연기자이자 정치인인 김을동 전 국회의원이고 외할아버지는 국회의원을 역임한 협객 김두한 씨입니다. 또한 김두한 씨는 반일항쟁의 애국자인 김좌진 장군의 아들이었습니다. 이러한 집안의 역사적 뿌리는 자녀들에게 많은 영향을 미치는데 삼둥이의 이름에서 볼 수 있듯이 '대한민국만세'라는 이름은 일반인들은 사용하지 않은 매우 애국적인 표현입니다. 송일국 씨의 가치관이 김좌진 장군처럼 국가를 먼저 생각한다는 것을 추론할 수 있는 대목입니다. 연기자였던 김을동 여사께서도 늦은 나이에 정치에 뛰어들어 대쪽 같은 행동을 보여 준 것으로 유명하죠. 이러한 모친의 행적에서 송일국 씨가 성장했던 집안의 분위기를 읽을 수 있습니다. 이러한 선친들의 행적들은 후세들에게 많은 영향을 미쳐 집안의 행동 원칙이 만들어지는데 집안 대대로 제사를 지내는 집안이라면 후대들도 제사를 중시하는 것처럼 선친들의 언행은 후세들을 지속적으로 학습시킵니다.
　삼둥이들은 가정환경의 영향으로 유사한 가치관을 지녔을 것이라고 생각합니다. 또한 바깥 생활을 하면서도 유명 연기자이고 애국지사의 자손이라는 것 때문에 행동거지를 조심할 것으로 생각됩니다.

　삼둥이들은 각자 생각하는 것과 행동하는 것에 유사한 점도 많겠지만 결과적으로 그들은 각각 다른 사람입니다. 이들 행동의 일거수일투족이 똑같다면 소름이 올라오겠죠. 이들의 개인적인 관심사는 다를 것입니다. 셋째인 만세는 영혼이 자유롭다고 하는데 이는 개인적으로 흥미로워하는 것이 다르기 때문입니다.

세 사람의 개인적인 소질이나 기질도 다를 것입니다. 각자 발달된 운동신경이 달라 선호하는 운동도 다를 것이고 그림이나 음악적 감수성도 다를 것입니다. 또한 세 사람의 지능이 똑같다고 말할 수 없습니다. 세 사람 중에 엄마처럼 공부를 잘해 법관이 되는 이도 있고 아빠처럼 연기자로 성장할 수도 있을 것입니다.

이렇듯 같은 날에 태어나고 같은 환경에서 성장하였다고 하더라도 '행동'에 차이가 있습니다. 사람이 다르다고 하는 것은 생각(사고)함이 다르고 그에 따른 행동이 다름을 말합니다. 사람의 차이를 만드는 것은 환경적인 요소에 의해 만들어지기도 합니다만 선천적으로 타고난 요소들에 많은 영향을 받는데 본인도 모르는 본인의 무의식 심상에 깊이 자리하고 있는 타고난 그 무엇은 특질이고 동기이며 욕구입니다.

성공인의 내적 요인

생각(사고)함의 차이를 만드는 내적 요인으로는 먼저 지능의 차이입니다. 지능은 문제 해결 능력을 좌우하는 핵심으로 인간의 성공에 엄청난 영향을 미칩니다.

또 하나는 성취동기(Need for Achievement)입니다. 어떤 이는 뭔가를 일구기 위해 노력을 경주합니다. 그렇게 뭔가에 꾸준히 노력하는 사람과 그렇지 않은 사람의 차이를 만드는 요인은 무엇일까요? 무엇이 행동함에 차이를 만드는 것일까요? 바로 성취하고자 하는 무의식의 동기입니다. 성취동기가 높은 사람은 타인들보다 뛰어난 결과물을 만드는 데 관심을 집중하며 목표나 성과에 대해 강한 집착을 보입니다.

다른 하나는 타인들과 더불어 가고자 하는 관계동기(Need for Affiliation)입니다. 타인들의 감정 상태를 이해하고 좋은 유대관계를 유지하고자 하는 본능적인 행동은 분명 많은 차이를 만들어 냅니다. 관계동기는 타인들과의 관계를 중시하기에 역지사지(易地思之)의 관점으로 타인을 바라보고 좋은 관계를 유지하여 함께 나아가고자 합니다.

마지막으로 사람들 위에 군림하고자 하는 권력동기(Need for Power)입니다. 이는 타인들을 이끌고자 하는 리더십의 원천으로 집단 내 모든 이들이 동의하는 비전과 목표를 수립하고 귀감이 되는 행동을 보여 주며, 타인들에게 영향력을 행사하여 동기부여(Motivation)하는, 성공하는 리더들이 지녀야 하는 필수 역량입니다.

요리연구가이자 기업인으로 최근 방송가에서 큰 인기를 끌고 있는 백종원 씨는 〈골목식당〉이라는 프로그램에 출연해 장사가 잘되지 않는 식당들을 찾아 문제의 원인이 무엇인지 찾아 주고 해결해 주는 탁월한 역량을 발휘합니다.

백종원 씨의 역량을 헤쳐 본다면,

① 첫 번째 머리가 좋습니다.

상황과 상황을 연결하고 원인의 원인을 찾아 가면서 전체 상황을 구조화하는 분석력은 최고 수준입니다.

또한 외국어 구사 능력을 보면서 깜짝 놀랐습니다. 외국에 나가 음식을 소개하는 프로그램에서 영어 외에도 중국어, 일본어 등 여러 나라의 언어를 구사하는 능력을 보며 학습 능력도 매우 높음으로 관찰되었습니다. 연세대 사회학과 출신임이 지적 능력을 증명하기도 합니다.

② 두 번째로 요리에 대한 경험과 해박한 지식이 있습니다.

요리를 하면서 기본적으로 갖추어야 할 미각(味覺)과 후각(嗅覺)이 매우 발달되어 있습니다. 또한 한식과 중식, 일식, 서양식 등 요리에 관한 한 모르는 것이 없습니다. 장교로 근무하면서 요리가 재미있어 연구를 많이 하였다고 하는데 요리가 좋아 자연스럽게 몰입이 되었는지 아니면 개인적인 목표를 요리에 두었기에 집중이 되었는지는 정확히 모르지만 요리를 통해 뭔가 일구고자 하는 성취동기가 매우 높음을 볼 수 있습니다. 최고의 요리전문가 위치를 달성하기 위해 언어 공부도 같이 했을 것으로 생각됩니다.

③ 세 번째로 그는 본인이 직접 경영을 하는 성공한 기업가입니다.

기업을 경영한다는 것은 사람을 이끌어야 한다는 것입니다. 사업을 하기 위해서는 역량이 높은 사람들이 주변에 많이 있어야 하는데 백종원 씨는 좋은 리더십을 갖추었다고 판단됩니다.

여기에 하나를 더하자면 상황에 대한 대응 능력이 뛰어나고 높은 수준의 어휘력을 기반으로 말을 잘합니다. 또한 부드러운 인상으로 사람들의 호감을 이끌기에 충분한데 이러한 역량들을 기반으로 비교적 늦은 나이에 방송에 뛰어들었지만 정치권에서 영입을 하려 할 정도로 탁월한 역량을 보여 주고 있습니다.

엄밀히 요리사의 위치는 타인들보다 높은 위치에 있는 자리라기보다는 타인들에게 음식을 통한 만족감을 주는 '을'의 위치입니다. 하지만 현재 그의 영향력은 대단합니다.

역사 이래로 많은 학자들이 성공한 리더들이 무엇을 지니고 있었는지 연구하였습니다. 쉽게 말하자면 여러분들의 집에 있는 위인전기집에 나오는 사람들의 성공 요인을 분석하여 정리했다는 것입니다. 커크패트릭과 로크(Kirkpatrick & Locke) 교수는 리더십 특성 연구 결과에서 리더들이 보여 준 역량들이 아래와 같다고 발표한 바 있습니다.

- 지능(Intelligence)
- 자신감(Self-Confidence)
- 결단력(Determination)

- 성실성(Integrity)
- 사교성(Sociability)

　제가 제시한 지능, 성취, 관계, 권력(리더십)의 역량과 유사함이 있습니다. 본 책에서는 가장 기본적인 위의 4가지의 역량을 중심으로 소개하고자 합니다.

 **SUCCESS**

3부

성공의 핵심, 역량(Competency)

1

지능, 똑똑함

사람이 성공하기 위해서는 '지능(Intelligence)'은 필수 요소입니다. '분석을 통해 상황을 정리하고 정리된 상황을 다른 상황으로 전환하여 새로운 것을 창출하게 하는 지능'은 여러분들이 날마다 맞닥뜨리는 '문제 해결(Problem Solving)과 의사 결정(Decision Making)'의 핵심이 되기 때문입니다. 이는 사람의 성공에 절대적인 요소입니다.

저도 학창시절 운동을 고민한 적이 있는데 아버지는 무조건 "공부를 해야 한다."라며 반대하셨습니다. 나름 나의 운동신경의 한계를 고려하였으리라고 생각하지만 '운동은 공부가 안되는 사람들이 하는 것'이라는 편견이 있었음은 분명합니다.

과연 그럴까요?

저는 축구선수인 손흥민 선수를 보면서 대단한 지능을 지녔음을 확신합니다. 경기 도중 시시각각 변화하는 복잡한 상황에서 순간적인 판단을 내려야 하므로 머리가 좋지 않고서는 훌륭한 선수가 될 수 없습니다. 순간 상황분석과 판단 그리고 이에 따른 대응 능력은 매우 탁월한 수준일 것으로 생각합니다.

지능을 관장하는 뇌는 분석과 기억을 하는 활동 외에도 몸의 움직임에 대해 순간적으로 최선의 해답을 제시해 줍니다. 손흥민 선수는 수비수들이 공을 빼앗기 위해 접근을 하면 패스를 해 줘야 할지, 치고 내달려야 할지 판단해야 합니다. 가령 A라는 수비수가 손흥민 선수를 전담한다면 손흥민 선수는 상대를 파악하기 위해 분석을 할 것입니다. 대다수의 유럽 수비수들은 덩치가 크고 강한 압박을 하는데 그렇기에 가까이 오면 몇 차례 패스를 통해 상대를 파악한 후 기회가 생기면 본인의 강점인 순간 스피드를 활용해 치고 나갈 것입니다.

손흥민 선수의 인터뷰하는 장면을 보면 일목요연한 어휘력으로 참으로 말을 잘한다고 생각합니다. 머리가 정리되어 있기에 가능한 것입니다. 또한 독일어와 영어를 완벽히 구사하는 언어 학습 능력을 볼 때 공부를 했어도 참 잘했을 것 같다고 생각하게 됩니다.

운동을 잘했던 선수들이 은퇴 후에 해설가로 나서는 경우를 많이 봅니다. 차범근 씨는 세계 최고 축구선수 출신으로 대한민국의 축구팀 감독을 역임하였고 명해설가로 이름을 널리 알렸습니다. 야구선수인 이승엽 씨 또한 조리 있는 분석과 적절한 언어 구사 능력으로 이해력 높은 해설 능력을 보여 주었습니다. 운동선수 출신으로 최고의 인기를 구가하고 있는 강호동 씨의 유머러스한 상황 대응 능력은 온 국민을 기쁘게 해 주고 있습니다. 지능이 부족하다면 절대 이룰 수 없는 성과입니다. 연구 결과는 찾지 못하였지만, 선수촌에 있는 국가대표 운동선수들의 평균 지능은 일반인들의 평균 지능 수준보다 분명히 높을 것으로 생각합니다.

19세기 초반, 프랑스의 심리학자 알프레드 비네(Alfred Binet)에 의해 지능 검사(IQ Test)가 개발됩니다. 최초에는 지적 장애 아동들을 구분하기 위해 만들어졌다고 하는데 현재는 사람을 평가하는 아주 중요한 도구 중 하나로 활용되고 있습니다.

공부를 잘하기 위해서는 당연히 지능이 좋아야 하는데 하버드 대학 학생들의 평균 지능지수는 128이고 서울대생들의 평균은 117이라는 결과도 있습니다. 지능은 주어진 상황의 의미가 무엇이고 각 의미들 간의 연계관계를 고려하여 분류하고 전체 상황을 그릴 수 있도록 해 줍니다.

하버드 대학의 조던 피터슨(Jordan Bernt Peterson) 교수의 지능과 직업과의 관련성 연구에 의하면 수학자, 철학자, 물리학자, 컴퓨터 프로그래머 등의 직업을 가진 사람들은 IQ 130 이상을 보였고 조립공, 공장 생산 노동자, 빌딩 청소부, 포장 노동자 등은 IQ 80~89 정도를 보였다는 결과도 있습니다. 수행하는 직무의 문제 해결 난이도가 다름을 볼 수 있는 대목입니다. 현실적으로 대통령의 직무를 수행하기 위해서는 높은 지능은 필수입니다. 그만큼 문제 해결 난이도가 높다는 의미입니다.

대한민국과 지능

우리나라 대한민국이 이렇게 잘사는 이유가 무엇일지 고민한 적이 많은데 일하는 방식 등 여러 가지 요인이 있지만 또 하나가 지능이 높다는 것입니다.

영국의 얼스터 대학 리처드 린 교수와 핀란드 헬싱키 대학 타투 반하넨 교수의 연구 발표[9]에 의하면 대한민국의 평균 IQ는 106으로 홍콩과 싱가폴(공동 1위, 108점)에 이어 다음을 유지하고 있는데, 싱가폴은 인구가 500만 명밖에 되지 않는 도시 국가이고 홍콩 또한 중국의 남쪽에 위치한 도시이므로 국가 규모로 본다면 대한민국이 세계 1위입니다. 북한도 높은 수준을 보여 주고 있는데 평균 IQ 102로 9위에 링크되어 있습니다. 남북한이 통일되어 정치적인 위험이 해소된다면 어마어마한 국가로 성장될 수 있다고 봅니다. 유태인들의 나라인 이스라엘은 IQ 95로 12위를 유지하고 있고 아프리카에 위치한 가봉, 카메룬 국가들의 평균 IQ는 64를 보여 주고 있습니다.

---

9) https://brainstats.com/average-iq-by-country.html 참고.

아프리카의 많은 나라들은 대항해 시대에 노예의 착취 지역이 되었고 제국주의 국가에 의해 식민지가 됩니다. 2차 세계대전 이후 독립들은 쟁취합니다만 자생력이 없었던 아프리카의 나라들은 미국과 소련, 서구 국가들의 원조금으로 연명하였으며 지금도 극심한 정치 불안으로 쿠데타가 일상화되고 있습니다. 최근에는 중국도 아프리카에 대규모 차관과 원조를 제공하며 역할을 강화하고 있다고 하지요. 근대화 이후 세계 각국은 아프리카의 많은 나라들에게 수백조 원의 원조금을 제공하였지만 아직도 아프리카 대륙은 부패와 빈곤의 상징으로 되어 있는데, 왜 그들은 노예로 팔려 나가는 아픔을 겪었으면서도 다른 대륙의 국가들처럼 경쟁력을 갖추질 못했을까요? 여러 요인이 있겠지만 그중 하나가 평균 지능이 낮다는 것입니다.

캐나다의 심리학자 필립 러쉬튼(J. Philippe Rushton)의 연구 결과에 의하면 일반적으로 흑인이 백인들보다 평균 IQ가 15정도 떨어진다는 통계가 있습니다.[10] 백인과 흑인의 차이는 아프리카에 거주하는 흑인들을 대입하면 그 차이는 평균 25로 더욱 커집니다. 이는 미국에 거주하는 흑인들과 아프리카에 거주하는 흑인들 간의 지능 차이가 10이라는 의미입니다.

아프리카 사람들이 서구 열강의 희생물이었다면 유태인들은 나치즘의 희생물이었습니다. 인간의 극악함을 보여 주는 '홀로코스트

---

10) J. Philippe Rushton, *Race, Evolution, And Behavior Third Unabridged Edition*, p.15~16.

(Holocaust)'는 역사 이래 최고 수준의 범죄로 2차 세계대전 당시 600만 명의 유태인들이 히틀러 정권에 의해 학살당했습니다.

유태인들은 약 2,000년 전 로마에 의해 멸망당하고 유럽과 아프리카 각국으로 뿔뿔이 흩어져 생활하게 됩니다. 국가가 없으면서도 탁월한 사업 수단과 고리대금업으로 똘똘 뭉쳐 많은 돈을 번 유태인들은 유럽인들에게 좋은 이미지를 주질 못하고 결국 나치 정권에 의해 인류사에 기록될 만큼의 큰 피해를 보게 됩니다.

유태인들은 2차 세계대전 이후 절치부심하며 빼앗긴 중동 땅에 국가(이스라엘)를 재건하였고 미국을 비롯한 세계열강들에 강력한 영향력을 발휘하며 다시는 과거를 되풀이하지 않기 위해 많은 노력을 기울이고 있습니다. 이스라엘은 핵무기를 보유한 나라이며 강력한 국방력으로 여러 차례 중동전쟁을 승리로 이끌었고 현재도 적들로 둘러싸인 지리적인 여건임에도 불구하고 뛰어난 인적 자산을 기반으로 경제 발전을 지속하고 있습니다.

유태인들의 지능은 매우 높은 수준인데 세계 최고 권위의 노벨상을 22%나 차지할 정도로 화학, 물리, 의학, 문학 등 다양한 분야에서 역사를 만들고 있습니다. '탈무드'와 고유의 토론 및 대화 기법인 '하브루타' 등으로 무장된 그들의 교육 기법은 매우 우수하며 이런 오랜 역사를 가진 유태인들의 학습 방법과 높은 지능이 많은 노벨상 수상자를 배출한 밑알이 되었으리라고 생각합니다. 유태인들은 2차 세계대전의 교훈을 절대 잊지 않고 스스로 경쟁력을 강화하는 집단지성(Collective Intelligence)을 보여 주고 있습니다.

우리나라도 과거에 많은 아픈 경험을 가지고 있습니다. 그중 역사상 가장 수치스러운 일제강점기를 지나면서 우리 국민은 경쟁력 강화에 박차를 가했습니다. 창피한 역사이지만 조선시대 말인 1900년 즈음에 조선인들의 문맹률은 99%였다고 합니다. 100명 중 1명만이 교육을 받았고 글을 읽을 줄 알았다는 것입니다. 1900년 당시 아프리카 사람들과 비슷하지 않았을까 생각해 봅니다. 물론 아프리카 사람들은 당시 고유의 글은 없었겠지만, 영어나 프랑스어 등 침략국의 언어를 배울 기회는 조선시대 민중들이 언문을 깨우치는 기회와 비슷했으리라 생각합니다.

대한민국의 민중들은 높은 지능을 기반으로 개인의 희생을 감수하면서도 국가 발전을 위해 한 곳만 바라보는 엄청난 집단 지성을 보여 주며 성장하였습니다. '집단 구성원들이 서로 협력하거나 경쟁을 통하여 얻게 된 지적 능력의 결과로 얻어진 집단적 능력'인 집단 지성은 국가나 사회의 지적 수준을 볼 수 있는 잣대이자 최고의 경쟁력입니다. 앞서 말씀드렸습니다만 과거 IMF 시절의 금 모으기 운동은 모든 국민들이 국란을 극복하기 위해 자발적으로 참여한 민족적 쾌거였습니다. 또한 유조선이 태안반도에 좌초되었을 때 모든 국민들은 추운 날씨에도 아랑곳하지 않고 적극적으로 참여하여 위기를 슬기롭게 극복했습니다. 그리고 몇 년 전 광화문을 뒤덮은 촛불행진은 전 세계에 대한민국의 집단 지성을 보여 주는 좋은 사례로 폭력이 전혀 없는 지성적인 반정부 투쟁이었으며 이에 전 세계인들은 성숙한 대한민국 민중들의 집단 지성에 높은 찬사를 보냈습니다.

문제 해결과 의사 결정

사람들이 모두 지니고 있는 지능의 속성은 무엇일까요?

사람들은 살아가면서 수많은 문제를 해결하고 판단하며 결정합니다. 우리의 일상은 '문제 해결과 의사 결정'의 연속이라고 말할 수 있는데, 상황에 맞게 문제 해결을 잘하고 적절한 의사 결정을 하는 데 있어 핵심 요소가 바로 '지능'이고 지능이 부족하면 문제가 발생한 상황에서 해결이 어렵습니다.

인간들은 태고 이래로 많은 문제에 봉착하고 이를 해결해 나가면서 현재에 이르렀습니다. 현재로부터 142만 년 전에 호모 에렉투스(호모사피엔스의 직계 선조)라는 인간들은 우연히 불이 유용하다는 것을 알게 됩니다. 이후 불을 겁내지 않고 이용하게 되면서 날것보다는 익힌 것이 더 좋다는 사실을 깨달았고, 불이 따뜻함과 외부로부터의 안전을 가져다주었으며 어두운 밤 시간대에도 불의 밝기로 인간이 활동할 수 있도록 해 주었습니다. 이는 엄청난 발견이었습니다.

인간들은 언어를 사용하여 소통하였고 집을 짓고 농작물을 경작하였으며 공동체를 이루어 적들과 대적하였습니다. 과정에는 수많은 문제들이 발생되었을 것이고 인간들은 이러한 문제들을 해결하며 살아왔습니다.

적으로부터 공동체를 보호하기 위해 성을 높이 쌓았고 무기를 개발하였으며 적과의 정략적 혼사를 통해 전쟁을 피하기도 했습니다.

또한 농사를 잘 짓기 위해 저수지를 만들며 품종을 개량하였고, 수해를 피하기 위해 높은 곳으로 이사를 하였으며, 겨울을 나기 위해 집을 튼튼히 짓고 농작물을 저장하고 김치를 담갔습니다. 우리 선조들의 고민의 깊이는 지금의 우리보다 컸음은 분명합니다.

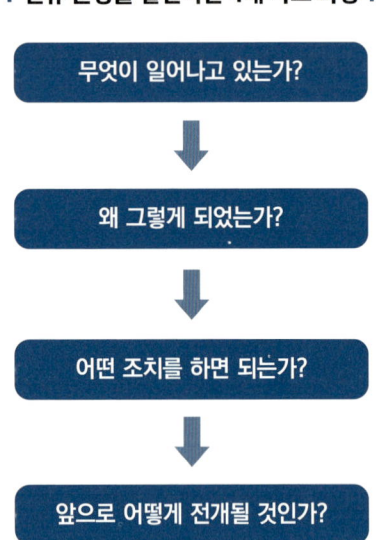

| 인류 문명을 발전시킨 4대 사고 과정 |

많고 많은 식량원 중에 우리가 일상으로 먹는 주식이 왜 쌀이나 밀이 되었을까? 고민한 적이 있습니다. 영양가가 높아서일까요? 수확량이 많아서일까요? 경작하기 쉬워서일까요? 위의 이유라면 오이나 토마토가 좀 더 쉽지 않았을까? 생각됩니다. 배추나 무는 물이 없는 밭에서도 쉽게 경작이 가능하고 수확의 규모도 클 것 같은데 왜? 인간들은 쌀이나 밀을 주식으로 하였을까요?

인간들은 겨울이 오면 추워서 농작물을 경작하거나 사냥이 힘들어 굶을 수밖에 없다는 것을 경험을 통해 깨우쳤습니다. 그래서 여름이나 가을에 수확을 하여 저장해야 함을 알았을 것입니다.

그러나 그들은 곧 저장이 쉽지 않음을 알게 됩니다. 겨울을 대비하여 수확하여 창고에 넣어 둔 식량들이 오래 가지 못하고 썩어 버리는 현상이 발생한 것입니다. 인간들은 고민을 하였을 것입니다. 문제의 원인이 무엇인가?

그 원인은 수분 함량의 정도였습니다. 음식이 부패하는 이유는 수분에 있는 세균들이 번식하기 때문입니다. 당시에는 세균이라는 것을 몰랐겠지만, 수분이 많은 음식은 금방 상합니다. 소출이 많고 심기도 편한 수박 등의 과일이나 야채들은 수분 함량이 너무 많았던 것입니다. 인간들은 고민을 합니다. 이러한 문제를 어떻게 해결할 것인가? 어떻게 하면 되는가?

인간들은 수확한 식량들을 건조하여 수분을 없애 보았지만, 결과적으로 양이 너무 적어져 버린다거나 영양분이 날아가 버려 식량으로서 적합하지 않다고 판단을 하였을 것입니다. 그런 과정에 들판에 널려 있는 쌀이라는 곡물의 알맹이가 껍질에 둘러싸여 있어 건조를 잘 해 놓으면 겨울에도 저장이 가능함을 찾아냅니다. 또한 탄수화물 등의 영양분을 함유하고 있어 건강에도 좋음을 알게 되죠. 이제는 문제를 해결하였군요.

하지만 이어진 문제가 발생합니다.

완전한 주식이 되기 위해서는 수확량이 너무 적은 것입니다. 이를 해결하기 위해 물을 댈 수 있도록 평평하게 논을 만들어 대규모 경작을 가능하게 하였고 품종을 개량하였으며 겨울에 적정 온도로 저장할 수 있는 창고를 개발하여 현재에 이르렀습니다.

생존을 위한 먹거리 문제를 해결하기 위해 인간에게 가장 필요한 것은 무엇이었을까요?

인과 분석을 할 수 있는 '지능'이었습니다.

지능의 속성

지능이 있기에 생존을 위한 다양한 문제 해결을 할 수 있었는데 지능의 사전적 정의는 아래와 같습니다.

'새로운 대상이나 상황에 부딪혀 그 의미를 이해하고 합리적인 적응 방법을 알아내는 지적 활동의 능력.'

위에 제시한 인류 문명을 발전시킨 4단계의 문제 해결 흐름은 인간이기에 가지고 있던 타고난 역량과, 생존을 위해 살아오면서 겪은 경험의 산물입니다. 이러한 지능이 있었기에 지구상에 존재하는 다른 모든 것들을 지배하는 '만물의 영장'이 될 수 있었습니다.

위와 같이 문제 해결을 하는 능력은 '일반지능'과 '특수지능'이 합쳐진 결과물입니다. 어떤 일을 하든지 기본적으로 필요한 지능을 일반지능이라고 하는데 말하고, 이해하고, 기억하고, 상황을 분석하여 정리하는 등의 능력을 말합니다. 특수지능은 어떤 특수한 분야에 요구된 지능을 말하며 직업적으로 요구되는 항공 비행 기술, 정형외과 수술 능력, 건축 능력 등입니다.[11]

예를 든다면 아나운서 김성주 씨는 유창한 말솜씨를 뽐냅니다. 논리적 전개와 정제된 단어 사용, 명확한 발음, 이에 더해 급작스러운 상황에 대한 순간 대응 능력이 매우 탁월합니다.

김성주 씨를 보면 기본적인 '일반지능'을 갖추었고 아나운서라는 직업에 맞는 '특수지능'까지 갖추었습니다. 탁월한 분임은 분명합니다.

심리학자 서스톤(Thurstone)은 기본정신능력(Primary Mental Abilities, PMA)이라고 하여 '일반지능'을 언어이해력, 언어유창성, 수리력, 공간시각능력, 기억력, 지각속도, 추리력 7개로 정리하였습니다.

저는 개인적으로 카텔(Cattell)이 제창한 유동성 지능(Fluid Intelligence)과 결정성 지능(Crystallized Intelligence) 이론에 매우 공감하는 편입니다. 유동성 지능은 타고나는 것을 말합니다. 반면 결정성 지능은 후천적으로 경험을 통해 형성되는 것입니다.

---

11) 스피어만(Spearman)의 일반요인이론.

생물학자들은 인간의 지능은 타고난 것이라고 말을 하고 뇌과학자들은 6세 이전에 완성된다고 하는데 이는 유동성 지능을 언급한 것으로 보입니다. 유동성 지능은 10대 후반에서 20대 초반에 절정을 이루다 이후부터는 쇠퇴합니다. 하지만 결정성 지능은 경험, 교육, 훈련 등의 학습을 통해 형성되며 인생의 후반부까지 꾸준히 개발될 수 있습니다.

오래전 저는 형님네 부부와 미국 여행을 다녀온 적이 있습니다. 그 당시에는 차량 내비게이션이 일반화되지 않은 시절이라서 우리는 지도를 보며 렌터카를 운전해야 했습니다. 여행을 마치고 숙소로 돌아오는 여정에 저는 길을 깜빡 놓치고 다른 길로 들어갈 뻔했습니다. 그 길은 다른 도시로 가는 도로였고 그곳으로 갔다면 지도도 없는 상황에서 매우 곤란을 겪을 수 있었는데, 그때 형님이 저에게 올바른 길을 알려 주었습니다. 형님은 미국이 처음이고 그 길 또한 처음이었으며 영어를 잘하지 못해 표지판을 읽지도 못하는 상황에서, 아침에 반대편으로 진입할 때의 도로의 상황을 다 기억하고 있었던 것입니다. 저는 탄복을 하였습니다. "와! 형, 어떻게 그것을 다 기억했어요?" 이런 것이 유동성 지능입니다. 형님은 지금껏 경험하지 못한 복잡한 도심의 도로 상황에서 타고난 기억력을 발휘한 것입니다.

저는 그 형님과 미국을 계속 여행하였는데 미국 서부의 도로에 위치한 휴게소를 방문하였을 때 형님은 주변의 토양을 만져 보면서 "이곳의 토양의 질이 너무나 좋아서 어떤 작물을 심어도 다 자랄 수 있어."라고 말을 했습니다. 이는 결정성 지능입니다. 농사를 짓는 형님은 경험적으로 좋은 토양을 알고 있었던 것입니다.

　유동성 지능은 필요 요건으로 유동성 지능이 높아야 결정성 지능도 높아질 수 있는데 "떡잎이 좋아야 한다."라는 속담이 적절한 표현입니다. 유동성 지능이 높으면 공부를 잘할 수 있습니다. 그러면 좋은 학교를 갈 수 있고 더 많은 것을 배울 수 있게 되는데 이때 결정성 지능이 개발되는 것입니다. 타고난 분석력이 좋았을 때 더 수준 높은 분석 기법을 익히게 되고 이를 사용할 수 있는 것입니다. 결정성 지능은 "아는 만큼 보인다."라는 표현이 딱 들어맞습니다. 공부를 하거나 경험을 쌓게 되면 아는 것이 많아집니다. 그래서 관련된 상황에 맞닥뜨리면 바로 해결 방안이 나오는 것입니다.

　위에서 언급한 '인류 문명을 발전시킨 4대 사고 과정'은 유동성 지능과 결정성 지능이 합쳐진 결과입니다.

　2020년에 코로나 바이러스라는 전염병이 창궐하는 문제가 발생하였습니다. 이를 해결하기 위해 가장 먼저 필요한 것은 무엇일까요?

　문제의 '원인'을 찾는 것입니다. 원인을 찾지 못한다면 바이러스 문제는 해결될 수 없습니다. 과거 중세 유럽에 창궐한 흑사병으로 많은 사람들이 죽어 나갔는데 원인을 찾기 위해 많은 '분석'적 연구를 한 결과 박테리아 세균이 원인이었음을 찾아냈습니다. 문제의 원인을 찾고 해결을 위한 '방안'들이 도출되면서 상황은 정리되고 해결의 수순을 밟게 됩니다.

회사에 근무하는 사람들의 업무는 궁극적으로 문제를 해결해 나가는 과정입니다. 예를 들어 회사의 매출이 감소하는 문제가 발생한다면 그 원인을 찾아야 합니다. 고객들의 요구가 바뀐 것인지? 경쟁사의 제품이 너무 좋은 것인지? 본인 회사의 제품 생산 과정에서 하자가 발생한 것인지? 원인을 찾아내야 문제를 해결할 수 있습니다.

발생한 현상의 원인을 찾는 것을 인과 분석이라고 하는데 우리의 일상에서 가장 많이 쓰는 기초적인 문제 해결 방법론이며 '인류 문명을 발전시킨 4대 사고 과정'의 기반이론 입니다.

인과 분석 기법 외에도 지구상에는 수많은 문제 해결 기법들이 있는데 미래에 발생될 수 있는 문제 상황을 분석하는 기법, 경쟁사와 고객들을 분석하는 기법, 인간관계에서 발생하는 갈등 문제를 해결하는 기법 등 많은 기법들이 문제 상황을 정리하기 위해 사용되고 있습니다.

그렇다면 이러한 기법들을 잘 사용할 수 있는 방법은 무엇일까요?

문제 상황을 분석, 파악하여 정리하기 위해 요구되는 역량은 크게 두 가지입니다. 하나는 벌어진 현상에 대해 '분석(Analysis)'을 잘하는 것이고 하나는 분석된 내용을 기반으로 생각하여 상황을 정리하는 '사고력(Thinking)'입니다.

이제는 두 가지의 접근법을 살펴보겠습니다.

1) 분석과 파악

 분석이란 사물과 사람들에 의해 벌어진 상황을 '파악'하고 '정리'하는 것입니다. 우리는 주변에서 상황을 금방 파악하고 정리하는 사람들을 가끔 봅니다. 남들이 보지 못하거나 생각하지 못한 것을 예리하게 바라보고 그것들의 의미를 파악하며 행간의 의미들을 연계하여 종합적으로 상황을 정리하는 사람들을 말합니다. 본질을 뚫어 본다는 의미인 '통찰력'을 지닌 똑똑한 사람들입니다.

 예를 들어 시집에 처음 인사를 하러 간 며느리 후보는 잔뜩 긴장한 채 시부모에게 잘 보이기 위해 한껏 치장하고 공손한 말투를 유지하여 좋은 인상을 남기려 노력합니다. 대다수의 며느리 후보들이 지니는 태도입니다.
 하지만 분석력이 뛰어난 며느리는 하나를 더해 시댁을 분석합니다. 집 안팎과 주방의 청결 여부, 집 안 가구와 살림살이의 배치 상황, 시어머니의 음식 솜씨, 시부모의 대화 수준, 집안 분위기, 결혼 조건 등 다양한 요소들을 들여다보고 시부모가 어떤 분들이시고 그 안에서 자란 남편의 성장 배경까지 읽어 내어 종합적으로 분석합니다.
 집 안이 너무 깨끗하고 화단과 주방의 조화가 잘되어 있으면 시어머니의 안목을 읽어 낼 수 있는 대목입니다. 이런 상황이라면 보기에는 좋으나 며느리가 피곤해집니다. 차라리 대충 사는 집이 편할 수 있습니다. 이는 시어머니가 덜 깐깐하다는 표시이겠지요. 서재에 꽂혀 있는 책들을 보면 시부모의 수준을 읽을 수 있습니다.《태백산

맥》, 《로마인 이야기》 등의 대하소설이 꽂혀 있는 집안과 유발 하라리의 《호모데우스》가 꽂혀 있는 집안의 수준은 다른데 이를 통해 남편의 성장 배경을 금방 알 수 있습니다. 또한 남편과 시부모의 대화 관점을 엿볼 수 있고 더 나아가 남편 방의 책장이 궁금해집니다.

똑똑하고 영리한 며느리 후보는 시댁을 방문하여 얻은 정보를 기반으로 상황을 정리하고 이를 기반으로 판단합니다.

- 돈은 있으나 시어머니가 너무 깐깐하고 간섭이 심할 것 같음
- 돈은 없으나 집안 분위기가 훈훈하고 시어머니와 대화가 될 것 같음
- 밖에서는 몰랐는데 집에 가 보니 남편이 마마보이였음 등

이를 기반으로 결혼을 해야 할지 하지 말아야 할지를 결정하고 결혼한다면(또는 하지 않는다면) 어디에 초점을 두어야 할지를 고민하여 해결 절차에 우선순위를 둡니다. 결혼을 위해 무엇을 갖춰야 하고 무엇을 개선해야 하는지, 무엇을 버려야 하는지 구체적인 계획을 세우는 것입니다. 결혼의 확신이 안 선다면 좀 더 관찰할 수 있도록 결혼을 미룰 수도 있겠죠. 반면 결혼을 하겠다는 쪽으로 기운다면 시어머니가 좋아하는 클래식을 배워서 어머니와 대화의 물꼬를 트도록 노력할 수 있고 시부모가 골프를 좋아한다면 골프 용품을 선물함으로써 지혜롭다는 말을 들을 수 있습니다. 또한 같이 살아야 하는 남편이 시간에 정확한 사람이라면 평소의 본인의 습관을 바꾸려 노력할 것입니다. 그러나 생각이 없는 며느리는 사랑이라는 감정에 이끌려 덥석 결혼하고 나중에 후회하게 됩니다.

분석과 정리

분석력이 높은 사람들은 주어진 상황의 의미를 이면까지 고려하여 깊게 도출할 줄 알고, 도출된 의미와 의미를 연결하여 전체의 모습을 그립니다.

남북 관계를 규명하는 것이나 경제 상황의 전체 그림을 깔끔하게 정리하는 사람들이 있습니다. 유동성 지능과 결정성 지능이 모인 모습으로 이러한 분석력은 문제 해결을 위해 갖추어야 하는 핵심적인 요소입니다.

정치인이자 논객인 유시민 씨는 상황에 대한 탁월한 분석 능력을 보여 줍니다. 가상화폐가 대한민국을 들썩이게 할 당시 가상화폐 비전문가인 유시민 씨와 현업에서 활동 중인 전문가들이 토론하는 방송을 본 적이 있습니다. 짧은 시간에 가상화폐의 본질을 꿰뚫는 상황 분석 능력으로 전문가들을 압도하는 모습에 '참 똑똑하다.'라는 생각과 함께 '공부도 잘했겠구나.'라는 느낌을 받았습니다.

당시 토론의 주제가 '가상화폐, 신세계인가? 신기루인가?'였습니다. 가상화폐의 가치가 너무 급상승해서 개미 투자자들에게 피해가 발생할 수 있다고 하여 "정부의 규제가 필요하다."와 4차 산업시대에 중요한 블록체인 기술에 대해 "정부의 규제는 필요하지 않다."라는 팽팽한 의견이 오갈 때 유시민 씨는 가상화폐로 인해 이익을 보는 사람들이 누구인가를 제시했습니다. 그는 '가상화폐 채굴 기업'과

'가상화폐 중개소', '중개소의 지분을 가진 자' 등들이 본인들의 이익을 위해 시장을 확대시키고 있다고 하며 아래의 표현으로 정리하였습니다.

"블록체인 기술은 건축 기술, 비트코인은 집이에요. 블록체인 기술을 기반으로 마을 회관을 지으라고 했더니 도박장이 지어져 버린 거예요. 그래서 도박장을 규제하려 하니까 건축을 탄압하지 말라고 하는 거예요."

가상화폐는 블록체인 기술을 이용한 몇몇 업자들의 사욕을 채우기 위한 수단임을 간파하고 이를 간단명료하게 정리하여 표현한 것입니다. 분명 유시민 씨는 가상화폐의 전문가가 아니었습니다. 그러므로 관련된 문건을 분석하고 전문가들을 면담하여 전체 상황을 파악하였을 것입니다.

여러분들은 주변에서 '적성검사'라는 단어를 많이 들어보셨을 겁니다. 대한민국 공무원 선발을 위한 핏셋(PSAT, Public Service Aptitude Test), 삼성그룹에서 신입사원 선발을 위해 사용하는 사트(GSAT, Global Samsung Aptitude Test) 등이 우리나라를 대표하는 직무적성검사입니다.

대한민국 정부의 핏셋 평가는 '언어논리', '자료해석', '상황판단' 3개의 영역으로 구조화되어 있고 삼성그룹의 검사도구인 사트는 '언어논리', '수리논리', '추리', '시각적 사고'의 영역으로 되어 있습니다.

위의 평가 및 검사 도구의 기반은 같은데, 바로 지능입니다.

많은 이들이 고시촌을 찾아 정말 열심히 공부합니다만 위의 평가는 절대로 암기해서 통과할 수 있는 시험이 아닙니다. 형사소송법의 판례를 외우고 영어사전을 통째로 외우는 고전적인 방식으로는 절대 통과할 수 없습니다. 반면 머리가 좋은 사람, 유동성 지능이 좋은 사람은 상대적으로 쉽게 통과할 수 있는 시험입니다. 이러한 적성검사, 즉 지능검사는 우리나라뿐만 아니라 영국이나 미국 등 여러 국가에서도 활용되고 있고 민간 기업인 현대자동차, SK 등에서도 널리 사용되고 있습니다.

이와 같은 평가들은 일단 남들이 보지 못한 것을 볼 줄 알아야합니다. 똑같은 상황임에도 사람들마다 보는 것이 다른데, 이는 의미 파악을 못한다는 것으로 이런 차이는 큰 결과의 차이로 이어집니다.

평가를 위해 제공되는 지문은 실제 우리 삶의 일상적인 상황을 담고 있는데, 아래의 예를 보겠습니다.

> 철수네는 집이 크고 엄마, 아빠의 차가 다 있고, 차들도 고급이다. 또한 매년 해외여행을 다니고 옷 또한 비싼 옷으로 잘 입고 다닌다.

위의 글의 의미는 무엇으로 보이십니까?

저는 "철수네는 부자다."로 파악하였습니다. 이런 기본적인 글은 누구나 의미 파악이 가능합니다. 하지만 아래의 글의 의미는 어떨까요?

> 지난 13년간 전통시장 활성화의 일환으로 시설현대화 사업이 대대적으로 추진됐으나 소비자들을 끌어들이는 데 한계를 드러내 콘텐츠 개발 등 소프트웨어 강화의 필요성이 대두되고 있다.

위 글의 주된 의미는 "전통시장 활성화 정책이 실패했다."라고 말할 수 있습니다. 그럼 좀 더 들어가서 '정책 실패의 원인 무엇이었느냐?'라는 질문에 어떻게 답할 수 있을까요? 여러분들은 원인을 찾을 수 있는가요? 이것이 바로 보이고, 안 보이고의 차이입니다.

정책 실패의 원인을 '콘텐츠 개발 및 소프트웨어 강화 미비'라고 말을 할 수 있으나 저는 좀 더 정확한 답으로 '시설현대화 사업의 대대적 추진'이라고 말하고 싶습니다.

오래전 저에게 지도를 받던 학습자 한 분이 "저는 저런 것이 보이질 않는데 보일 수 있도록 지도를 해 주십시오."라는 요청을 받은 바가 있었습니다. 일단 "알겠습니다."라고 답을 했는데 다음 과정을 준비하면서 많은 고민이 있었습니다. 어떻게 가르쳐야 할지 도무지 답이 나오질 않는 것이었습니다. 나름 준비를 하여 많은 노력을 하였으나 짧은 시간에 그분의 분석력은 개발되지 않았습니다. 결론은 "지능 개발은 어렵구나."였고 할 수 있는 방법으로는 시간이 많이 걸리지만 출제 가능한 모든 문제 상황을 다루어 보게 하는 것입니다. 문제 상황에 대한 경험이 있으니 아는 것이 많아졌을 것이고, 유사한 상황이 제시된다면 해결할 수 있었겠지요. 이는 결정성 지능을 개발하는 방법입니다.

분석과 분류

분석력이 탁월한 사람들은 대체적으로 '분류(分類)'라는 작업도 잘합니다. 유사한 것들끼리 잘 묶어서 흩어져 있는 것들을 간단하게 만들어 버립니다.

아래의 표 안에는 9개의 단어가 들어 있습니다. 관련성이 있는 것들끼리 묶어 본다면 어떤 모습이 될까요?

출산율 저하	한일 위안부 문제	자살률 증가
주식 가격	MZ세대	환율
남북정상회담	인플레이션	주한미군 주둔금 협상

위의 단어들의 관련성을 보면 '출산율 저하', 'MZ세대', '자살률 증가'를 일반적으로 사회에서 일어나는 현상으로 하나의 의미 단위로 묶을 수 있을 것 같습니다. '주식 가격', '인플레이션', '환율'이라는 단어들은 경제 용어들임을 알 수 있습니다. '남북정상회담', '한일 위안부 문제', '주한미군 주둔금 협상' 의미들은 외교 문제들이 제시되고 있음을 볼 수 있습니다.

출산율 저하	출산율 저하	사회
주식 가격	MZ세대	
남북정상회담	자살률 증가	
한일 위안부 문제	주식 가격	경제
MZ세대	인플레이션	
인플레이션	환율	
자살률 증가	남북정상회담	외교
환율	한일 위안부 문제	
주한미군 주둔금 협상	주한미군 주둔금 협상	

위의 9개의 사안들을 수렴하여 사회, 경제, 외교의 문제 상황으로 정리하였습니다.

흩어져 있는 여러 개의 문제가 있다면 이들을 묶어서 정리하고 묶음 단위로 문제를 해결하면 일은 쉬워집니다. 이는 다양한 문제 사안들을 '단순화(Simplification)'시키는 과정으로 '그룹핑(Grouping)'이라고 하고 다른 말로는 '로직트리(Logic Tree)'라고 하는데 지능이 높은 사람들은 복잡한 상황을 단순하게 만들어 버리는 이런 작업을 술술술 잘 풀어냅니다.

맥킨지 컨설팅 컨설턴트였던 바바라 민토(Babara Minto)는 상황을 정리하는 기법으로 'MECE(Mutually Exclusive and Collectively Exhaustive, 빠짐없이 그리고 중복 없이)'의 관점에서 그룹핑을 하라고 말하고 있습니다.

이렇듯 여러 가지 상황을 분석하여 정리하는 것을, 수렴하여 정리한다고 하여 '귀납적(歸納的) 접근'이라고 합니다. 흩어져 있는 것들을 유사한 것끼리 묶어 전체를 구조화하는 것을 말하는데, 개별적인 사실들을 묶어서 일반화하는 것을 말합니다.

'종속과목강문계'. 어디서 많이 들어 보셨죠? 중고등학교 시절 생물 시간에 꼭 외워야 했던 생물의 분류 체계입니다. 지구상에는 1,000만 개의 종이 존재한다고 합니다. 이들을 분류하기 위해 많은 천재들이 연구를 거듭하여 정리하였는데 그리스의 아리스토텔레스는 '유혈동물과 무혈동물'로 최초 생물 분류 체계를 내놓았고, 1700년대에 이르러 스웨덴의 생물학자인 칼 폰 린네(Carl von Linne)에 의해 근대의 분류 체계가 만들어졌습니다. 그들의 노력이 없었다면 지구상에 존재하는 어마어마하게 많은 동식물과 세균 등을 정리할 수 없었을 것입니다.

관련성을 파악하여 구조화하는 것은 쉬운 작업이 아닙니다만 분석 역량이 있는 사람들은 그냥 눈에 보이고 상황이 저절로 정리됩니다. 안 보이는 사람들은 그냥 답답할 뿐입니다. 이러한 분석력은 기본적으로 타고납니다만 후천적으로 많은 경험을 쌓은 분들은 경험을 해 보았기 때문에 주제별 관련성이 눈에 보입니다. 알면 보이는 것이죠.

우리는 과거에 발생한 문제에 대해 주로 '인과 분석' 방법을 사용합니다. 예를 들어 "산사태가 발생했다."라고 한다면 그 원인을 찾아 재발 방지 방안을 찾습니다. 하지만 미래에 발생할 문제는 어떻게 대응할 수 있을까요? 예를 들어 "4차 산업 시대에 대응하기 위한 우리의 미래 비전을 수립하시오."라는 주제가 있다면 이는 발생된 상황이 아니기에 미래가 어떻게 나타날지도 모르고 그러기에 원인을 찾기 힘듭니다. 찾아본들 미래의 원인을 추론할 수밖에 없는데 이 상황에서는 인과 분석으로 정리하기가 힘들어집니다. 이때는 '강점, 약점, 기회, 위협'의 관점에서 분석하는 'SWOT(Strength, Weakness,

Opportunity, Threat)' 분석 기법을 사용합니다. 아무리 뛰어난 지능을 타고났다고 하여도 천재가 만들어 놓은 SWOT 기법이 바로 떠오르지는 않을 것입니다. 하지만 경영학을 배운 사람은 SWOT 기법을 알기에 바로 적용할 수 있습니다.

SWOT 기법은 고도의 상황 분석 기법입니다만 우리는 실생활에서 많은 분석 기법 즉, 정리하는 기법을 배워서 활용하고 있습니다. 예를 들어 초등학교에서 배웠던 '육하원칙(언제, 어디서, 누가, 무엇을, 어떻게, 왜)'은 일상에서도 많이 사용되는 기법입니다.

제가 직장 생활을 시작하면서 출장 보고서를 써야 하는데 어떻게 써야 할지 답답하여 선배에게 물어보았습니다. 선배의 답은 간단하였습니다. "육하원칙으로 정리해."였습니다.

이 외에도 '서론, 본론, 결론', '기승전결', '선후 관계' 등 다양한 분석 기법이 다양한 분야에서 활용되고 있습니다.

하지만 분명한 건 육하원칙도 누군가가 만들었다는 것입니다. 또한 이 외의 다양한 분석 기법도 누군가에 의해 만들어진 기법들입니다. 최초에 그들은 어떤 상황을 분석하고 정리하다가 "이렇게 하면 되겠네." 하면서 만들어진 것입니다. 그들은 타고난 유동성 지능이 높은 사람들이었습니다.

2) 사고와 추리

사고(思考)한다는 것은 생각하는 것을 말합니다. 사고력은 분석력과 관련성이 매우 높고 동시에 진행되는 경우가 많아 구분하기가 쉽지 않은 영역입니다. 위의 분석, 분류 작업에서 사회, 경제, 외교를 도출하는 과정은 분석 작업에 이어진 생각(사고)의 산물입니다.

우리는 일상을 살아가면서 '생각'과는 떨어져서 살 수 없습니다.

인간은 분석 작업이라는 일은 하지 않을 수 있지만 생각은 멍때리는 상황 아니면 멈출 수 없습니다. 친구를 만나러 가는 길에 버스를 탈지 지하철을 탈지, 편의점에서 생수는 어떤 브랜드를 고를지 등 사소한 것부터 집에 바퀴벌레가 출몰하는데 어떻게 해결할지, 상사가 보고서 작성을 지시했는데 어떻게 작성할지 등 우리는 생각이 없이는 하루도 살아갈 수 없습니다.

또한 어떠한 문제를 해결할 때나 상황을 정리할 때도 생각은 필수적으로 요구되는데 분석을 통해 나타난 문제의 원인 이면에 있는 숨어 있는 또 다른 변수들을 파악하는 것도 생각이 없이는 안 되는 작업입니다.

생각의 틀

인간은 각자 현상을 바라보는 '틀'이라고 말할 수 있는 '인지구조

(Cognitive Structure)'를 지니고 있습니다. 관점(Perspective)이라고 말할 수 있는 인지구조는 본인의 지식과 경험, 가치관들에 의해 만들어지며 여러 학자들은 '스키마(Schema)', '패러다임(Paradigm)' 또는 '프레임(Frame)'이라고 칭하였습니다.

남자와 여자는 세상을 살아가는 관점이 상당히 다릅니다. 저는 보수적인 관점에서 가정의 생계는 남자가 책임져야 하고, 그래서 "가정의 대표는 남자여야 한다."입니다. 하지만 여자들의 입장에서는 "여성들이 주로 하는 육아와 가사노동도 매우 중요하므로 가정의 대표를 남자만 한다는 것은 시대착오적이다."라고 말할 수 있습니다.

유사한 DNA를 지니고 있음에도 부모와 자식의 관점의 차이도 큽니다. 또한 직장에서 상사와 부하는 매우 다른 생각을 하고 있습니다. 요즘 자기중심적이지만 똑똑한 MZ세대에 대해 많이 회자되는데, 과거에는 생각할 수도 없는 일들이 사무실 안에서 일어난다고 합니다.

이를 남녀 차이, 세대 차이 등으로 표현하는데 세상 사람들은 본인만이 가지고 있는 관점이 있습니다. 이를 '고정관념' 즉, 패러다임이라고 하는데 미국의 과학자 토마스 쿤(Thomas Samuel Kuhn)은 패러다임을 '어떤 한 시대 사람들의 견해나 사고를 지배하고 있는 이론적 틀이나 개념의 집합체'라고 정의하였습니다.

요즘 '꼰대'라는 말이 유행인데 이는 기성세대들이 가지고 있는 고정관념을 빗댄 말이라고 생각합니다. MZ세대와 관점이 다르다는 것이지요.

독자 여러분들은 아래의 그림에서 보이는 아이는 무엇을 하고 있는 것으로 보이시나요? 또 본 그림에 보이는 상황 이전에는 무슨 일이 있었고 앞으로는 어떤 일이 벌어질 것으로 생각되시나요?

| 주제통각검사 도판[12] |

위의 그림은 주제통각검사(TAT, Thematic Apperception Test)에 사용되는 도구입니다. 투사기법이라고도 불리는 본 조사기법을 통

---

12) 경상대학교 심리학과 김정남 교수, 이민규 교수 제작.

해서 사람들이 지니는 다양한 생각의 틀과 관점을 파악할 수 있습니다.

위의 그림에는 비행기를 바라보는 초등학생 정도의 어린이가 보입니다. 비행기가 있는 곳이라면 공항이라는 것인데, 위의 그림에서 독자의 느낌은 기쁨인가요? 슬픔인가요? 기쁨이라면 그 이유는? 슬픔이라면 그 이유는? 무엇인가요?

위의 그림에서도 다양한 의견들이 제시됩니다. 어떤 이들은 "여행을 떠나기 전의 기쁜 모습이다."라고 말하고, 다른 분들은 "외국에서 돌아오는 아빠를 마중 나온 것이다."라고도 말하며, 또 다른 분은 "뒷모습이 허전한 것을 보니 유학 가는 아빠를 배웅하러 온 것이다." 등 같은 그림임에도 똑같은 의견을 제시하는 분들은 거의 없습니다.
각기 의견이 다르다는 것은 생각의 틀, 즉 인지구조가 다르기 때문입니다.

미래상황의 예측

우리는 주변에서 "생각이 짧다."라는 말을 쓰는 경우를 가끔 봅니다. 이는 의사 결정 시에 추후에 발생할 수 있는 문제들까지 고려하지 못한 경우를 말하는데 예를 하나 들어 보겠습니다.

2013년 당시 정부는 소득공제 체계 전반을 세액공제로 바꾸는 세제개편을 단행했습니다. 하지만 이 같은 결정은 엄청난 직장인들의 반발로 정부는 한발 물러날 수밖에 없었습니다. 사전에 전문가들과 좀 더 상의하고 시뮬레이션을 해 보았다면 이 같은 일은 발생하지 않았을 것인데 정책담당자들의 생각이 부족했던 경우로 생각의 틀이 작았던 예입니다.

코로나로 인한 팬데믹 당시 정은경 질병청 초대 청장은 거의 매일 TV에 나와 브리핑을 했습니다. 브리핑의 주요 내용은 오늘 몇 명의 환자가 발생했고 중환자의 수는 어떠한지 등을 말하면서 '사회적 거리 두기의 단계'를 언급합니다. 사회적 거리 두기는 질병청장의 의사 결정 사항으로 거리 두기 단계는 중소상인들에게 미치는 영향이 지대하여 매우 조심할 수밖에 없었을 것입니다. 거리 두기를 강화하면 중소기업청의 반발이 심하고, 완화하면 의료전문가와 국민들의 반발이 심한 상황으로 날마다 피를 말렸지만 그분은 발생할 수 있는 다양한 상황을 사전에 충분히 고려하였고 적극적인 결정으로 국민들을 코로나로부터 보호하는 데 큰일을 하였습니다.

생각이 깊은 분들은 추리력을 기반으로 발생한 상황을 꿰뚫어 보는 '통찰력(Insightful)'을 지닌 분들이며, 상황의 본질과 핵심을 바라봅니다.

영국의 작가 아서 코난 도일(Arthur Conan Doyle)에 의해 만들어진 탐정소설 《셜록 홈스》 시리즈는 사고력의 극치를 보여 주는 이야기입니다. 아래는 코난 도일이 쓴 《네 개의 서명》에 나오는 한 대목입니다.

> 홈스가 친구인 왓슨에게 갑작스럽게 "자네, 우체국에 전보 보내고 왔지?"라고 물었고, 아무런 이야기도 하지 않고 나갔던 왓슨은 홈스의 질문에 깜짝 놀라게 됩니다.
>
> 홈스: 내 관찰에 의하면 자네 신발 발등에 붉은 흙이 조금 묻어 있었어. 위그모어가에서는 요즘 포석을 들어내고 흙을 가는 중이야. 그런데 우체국에 가려면 꼭 그 길을 지나야 하지. 내가 아는 한, 이런 묘한 색의 적토는 다른 데서는 볼 수 없어. 여기까지가 관찰이고, 이제부터가 추리라네.
>
> 왓슨: 그런데 전보를 친 걸 어떻게 알았지?
>
> 홈스: 오늘 아침에 줄곧 자네와 함께 있었지만 편지를 쓰는 모습은 못 봤고, 게다가 활짝 열어 둔 자네 서랍 안에는 우표와 엽서가 여전히 가득했지. 그래도 우체국에 갔다는 건 전보가 목적이라고 생각하는 수밖에 없지.

신발에 묻은 흙, 거리에서 진행되는 도로 공사, 우체국까지 가는 길목, 열린 서랍 안의 우표와 엽서 등에 대한 세심한 분석을 기반으로 사고력을 얹어 상황을 정리합니다.

이런 사람들에게 우리는 "하나를 보면 열을 안다."라는 표현을 쓰며 "생각이 깊다."라고 말합니다.

그렇다면 사고력이 높은 사람의 요인은 무엇일까요? 바로 '지능'입니다.

우리는 하루에도 수많은 의사 결정을 합니다. 점심 식사를 위해 식당을 고르는 것부터 직장과 배우자를 선택하고 어디에 살지 살 집을 찾는 등 문제를 해결하는 과정에서 판단과 결정이라는 과정을 거치게 되며 이때 다양한 '경우의 수(數)'를 산정해 보면서 주판알을 튕깁니다.

지능이 높은 사람은 의사 결정의 과정에서 고민하는 경우의 수가 풍부하며 각각 근거와 이유를 가지고 있습니다.

예를 들어 집을 구할 때 서울로 갈지 경기도로 갈지 선택하는 것은 매우 중요한 일이기에 각각의 장단점을 비교하여 봅니다. 집 구입 비용, 전세로 할지 월세로 할지, 출퇴근 거리와 시간, 생활 편의시설 외에 본가와의 거리 등 개인적인 사항들을 고민할 것입니다. 하지만 하나를 더 얻어야 할 사항이 있습니다.
미래의 가치입니다.
향후 벌어질 일을 고민하지 않는다면 좋은 의사 결정이 아니죠. 이때 미래의 가치를 어디에 두느냐는 판단의 중요한 기준이 되는데 스스로의 공상에 사로잡혀 미래를 그리는 사람이 있는가 하면 다양한 정보를 기반으로 합리적인 판단을 하는 사람들이 있습니다.

전략적 사고

미래를 바라보는 선견력(Foresight)이 있는 사람들은 늘 미래에 벌어질 일들을 고민해 보고 준비하는 습성을 가지고 있습니다. 그러면서 감각적으로 꿈을 꿉니다. 감각적으로 준비한다는 말은 이런 감각을 가지고 있질 못하는 사람들은 아쉽게도 무슨 말인지 모릅니다. 감각을 가지고 있는 사람들은 그냥 떠오르는 것입니다. 이러한 사고력을 '전략적 사고(Strategic Thinking)'라고 합니다.

우리나라 산업화를 기치를 세운 박정희 대통령은 많은 참모들과 고민에 고민을 하여 경제 발전을 하는 것이 우리나라의 미래를 위해 가장 중요한 일이라는 것을 알았고 선택하였습니다. 산업화를 위해 철강 산업이 중요하다는 것을 안 박 대통령은 어려운 자금 상황임에도 포항제철 건립을 밀어붙입니다. 또한 주변의 반대에도 산업화를 위해 원활한 물류가 중요하다는 것을 알고 경부고속도로를 완공시킵니다.

물론 당시에 당장 시급한 사항으로는 국민들이 배를 굶지 않게 하는 것이었고, 그러기 위해 공장을 짓고 도로를 만드는 것보다 국민들에게 쌀을 수입하여 공급하는 방안이 있을 수 있었을 것입니다. 또한 당시는 전쟁이 끝나지 않은 휴전 상황으로 '남북통일'이 가장 시급한 사안이었습니다. 하지만 박 대통령은 통일보다 경제 발전이 중요하다는 '선(先) 건설 후(後) 통일' 방침으로 국민들을 설득하고 강력하게 경제 발전을 추진합니다. 그는 미래를 보았던 것입니다.

1960년대 미국과 베트남 간의 월남전쟁 당시 미국은 한국정부에 파병을 요청합니다. 최초 파병이 이루어진 1964년~1965년 당시 한국은 국민 1인당 GDP가 120달러로 세계 최빈국 수준이었습니다. 게다가 남북 간 휴전 상황인지라 이치적으로 외국에 군대를 파병한다는 것은 어려운 상황이었습니다. 하지만 박정희 대통령은 담배를 몇 갑씩 피우면서 날을 세워 가며 고민한 끝에 파병이라는 의사 결정을 합니다. 이후 한국군 5천 명이 사망하였고 약 5만 명의 부상자가 발생하였습니다. 당시 미국과의 안정적인 관계 유지라는 정치적인 고려도 있었겠지만 그는 한국의 미래를 보았고 우리나라의 미래를 위해 파병이 타당하다고 판단하여 위험을 감수한 전략적 판단을 하게 됩니다.

| 당시 1,000불 국민소득을 위한 산아 제한 정책 포스터 |

박정희 대통령 당시 저는 초등학교 재학생이었는데 저의 기억은 온통 미래에 대한 것뿐이었습니다. "1980년대가 되면 우리나라는 100억 불 수출에 1인당 1,000불 소득을 달성하는 나라가 될 것이다. 우리는 배를 굶지 않아도 되고 각 가정마다 자가용을 한 대씩 두는 그러한 나라가 될 것이다."라는 선전 문구는 온 나라를 도배하였습니다. 학교 가는 길에는 항상 포스터가 즐비하였고 방송에서는 날마다 밝은 국가의 미래를 알리는 내용이 넘쳐 났습니다.

박정희 대통령은 미래를 바라보고 무엇이 필요한지 판단하고 결정하는 역량이 탁월한 분이었습니다.

잠재 위험의 대응

삼성전자의 故 이건희 회장은 한국의 반도체 산업을 일군 역사적인 인물입니다. 1974년 그는 아버지인 삼성그룹 창업주 故 이병철 회장에게 반도체 시장 진출을 건의합니다. 하지만 "TV도 제대로 만들지 못하는데 반도체가 가능하겠냐."라는 경영진들의 만류에 부딪히자 사재를 털어 자금난에 허덕이던 한국 반도체의 지분 50%를 인수해 반도체 사업에 대한 강력한 의지를 보여 줍니다. 이런 그의 노력으로 1983년 2월, 당시 세계 반도체 생산의 중심 일본 도쿄에서 '삼성그룹의 반도체 산업 진출'을 공식화하게 되죠. 당시 전 세계 반도체 업계에서는 '무모한 짓'이라고 말했고, 이 회장의 주변에서도 반대의 목소리가 컸다고 합니다만 이병철, 이건희 부자는 미래를 보았습니다. 지금도 삼성그룹의 '2·8 도쿄선언'은 한국 경제에 가장 큰 영향을 준 대표적인 의사결정의 순간으로 꼽힙니다.

미래를 생각하는 전략적 사고는 목적 달성을 위한 청사진을 잘 그리고 실행을 위한 구체적인 로드맵을 꼼꼼하게 고민하는 것이기도 하지만 성공을 위한 여정에 나타날 수 있는 다양한 위험 요인을 잘 파악하고 대응하는 것도 포함됩니다.

삼성그룹의 이건희 회장은 항상 10년 후의 먹거리를 생각하라며 대단한 선견력을 보여 주신 분입니다. 하지만 이러한 이건희 회장에게도 가슴 아픈 경험은 있습니다.

미래의 자동차는 전자 산업이 될 것이라는 비전을 가지고 1995년 출범한 삼성자동차는 1999년 6월 30일 법정 관리 신청으로 막을 내리게 됩니다. 그리고 프랑스의 자동차 회사인 르노 그룹에 매각이 되어 현재의 '르노코리아자동차'가 탄생되었습니다. 1998년 첫 모델을 출시하며 자동차 사업에 뛰어들었던 삼성자동차는 11개월 후의 법정 관리 신청으로 전 국민을 의아하게 만들었습니다. 이는 당시 삼성그룹이 사업을 한다는 것은 곧 성공을 의미했기 때문입니다.

4조 3,000억 원의 막대한 손해를 보며 매각할 수밖에 없었던 사연은 무엇일까요?

사업을 추진하면서 나타날 수 있는 장애 요인을 쉽게 보았다는 것입니다. 삼성그룹이 자동차 산업에 진출할 당시 국내의 자동차 산업은 현대자동차, 대우자동차, 기아자동차, 쌍용자동차 등의 회사가 있었습니다. 당시 내수 시장이 100만 대 수준인 한국 시장의 규모에서 삼성자동차의 가세는 너무 가혹한 경쟁이었고 다른 회사들의 강력한 반발이 당연히 있을 수밖에 없었습니다.

또한 1997년은 IMF 상황이 벌어진 해입니다. 1995년 삼성자동차가 출범했고 2년 후에 국가적인 위기가 발생한 것인데, 당시의 삼성그룹의 정보력은 국가기관인 안기부(국정원의 전신)보다 뛰어나다고 정평이 나있었습니다. 그러한 삼성이 국가적 위기 상황을 예견하지 못했다는 것은 이해하기 힘든데 어찌 되었든 삼성자동차는 IMF 상황이라는 최악의 경제 상황을 예상하지 못했습니다.

이건희 회장의 주변의 참모들은 분명 많은 장애 요인이 있을 거라는 진언을 아끼지 않았을 것입니다. 하지만 그는 "할 수 있다."라는 열정으로 밀어붙였고 삼성그룹이 휘청거리는 대규모 투자 실패 사례를 만들고 말았습니다.

물론 이 회장이 말한 "앞으로 자동차와 전자제품 간의 경계가 모호해질 것"이라는 선견지명은 대단한 것입니다. 이 회장은 1997년 저술한 에세이에서 "오늘날 자동차는 부품 가격으로 볼 때 전기전자 제품 비율이 30%를 차지한다. 물론 누구도 자동차를 전자제품으로 생각하지는 않을 것이다. 그러나 앞으로 10년 이내에 이 비율은 50% 이상으로 올라갈 전망이다."라고 예견하며 '전자산업 기반의 관련 다각화' 관점으로 자동차 사업을 바라보았습니다. 그는 이어 "그렇게 되면 이것이 과연 자동차인지 전자제품인지가 모호해진다. 그때 가면 아마 전자 기술, 반도체 기술이 뒷받침되지 못하면 자동차업을 포기해야 한다는 얘기까지 나올지도 모른다."라고 덧붙였습니다.[13] 자동차가 스마트폰과 같은 하나의 전자제품이라는 발상이

---

13) 이건희, *생각 좀 하며 세상을 보자*, 동아일보사, 1997.

보편화된 시점이 2014~2015년이라는 점을 감안하면 이건희 회장은 생각은 20년을 앞서는 것이었습니다. 이후 반도체가 핵심인 전기차는 일반화되었고 2021년에 많은 자동차 회사들은 반도체 부품 부족으로 생산에 차질을 빚는 현실이 벌어지고 말았습니다.

이러한 통찰력, 선견력은 선천적인 타고남도 있지만 아는 만큼 보이는데 관련한 경험이 많은 사람들은 문제 상황이 발생되면 그 원인이 무엇인지 그리고 해결 과정에서 발생할 수 있는 사안들까지 경험적으로 꿰뚫고 있습니다.

집에 대한 투자의 성공 확률은 집을 많이 사 본 사람이 월등합니다. 자기 집을 여러 번 소유해 본 사람들은 어디에 어떤 집을 사야 할지 금방 압니다.

회사라는 조직은 사람들이 모여 있는 집단이고 여기에는 상사와 부하가 있습니다. 그럼 상사와 부하를 가르는 기준은 무엇일까요? 바로 경험입니다. 기본적으로 경험에서 오는 능력을 인정해 주기 때문에 상사는 대부분 부하보다는 근무 경력이 많고 그러다 보니 나이가 많게 됩니다.

선택과 집중

또한 이런 사람들은 학습이라는 경험을 통해 배운 '중요도와 시급도'라는 의사 결정 기준을 적용합니다.

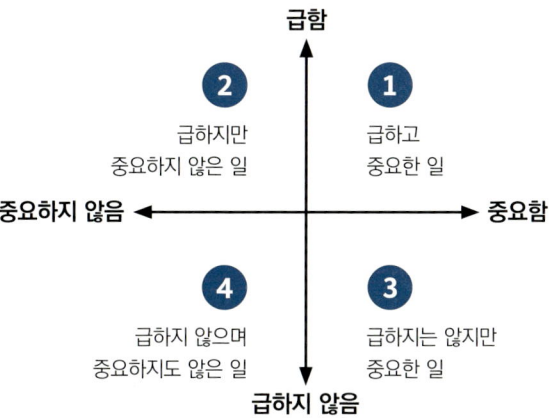

'시급도'라는 것은 시간의 문제입니다. 시간이 급한 것부터 하는 것입니다. 불이 났으면 매우 시급한 상황으로 빨리 119를 부르고 소방 기구를 활용하여 불을 끄는 것이 가장 우선적으로 취해야 할 조치 사항입니다. 다른 상황으로 고객들의 민원을 처리하는 도중에 상사로 부터의 급한 업무 지시가 내려왔다면 무엇에 우선해야 할까요? 이는 둘 다 시급한 상황으로 이제는 '중요도'를 따져야 하는 상황입니다.

우리는 '선택과 집중'이라는 단어 익숙한데 이는 '전략적으로 어디에 자원을 집중하겠는가?'입니다. 어디에 선택과 집중을 할지 구분하기 위해 쓰는 방법론이 시급도와 중요도의 관점에서 사안을 분석하는 것입니다.

앞서 말씀드린 박정희 대통령은 국내에 당장 시급한 일들이 많았지만 미래를 바라보며 중요도의 관점에서 '산업화를 통한 국가 경제력 강화'에 선택과 집중을 합니다. 이후 국내의 모든 자원은 이곳에 집중 투입되었으며 산업화에 걸림돌이 되는 모든 것은 나쁜 것이 되고 말았고 이로 인해 국내에는 노조를 탄압하는 등의 반민주, 반인권적인 상황이 빈번하게 벌어지게 되었습니다.

시급도와 중요도 중에 무엇에 우선해야 할지는 정답이 없습니다. 상황에 따라 판단해야 합니다. 하지만 경험이 풍부한 사람들은 어떤 선택지가 적합한지 감각적으로 알고 결정합니다.

개념 창출

접하고 있는 상황에서 사안의 본질을 꿰뚫어 보면서 새로운 정의나 개념을 만들어 내는 사람들이 있습니다.

김대중 전 대통령의 대북정책의 원칙은 '햇볕정책'이었습니다. "행인의 외투를 벗게 한 것은 북풍한설(北風寒雪)이 아니라 햇볕이므로 우리도 북한을 몰아칠 것이 아니라 햇볕을 쬐여서 마음을 열게 만들어야 한다."라는 것이 요점인 햇볕정책은 김대중 대통령 집권 이전 40년 넘게 이어 오던 무력에 의한 남한 중심의 통일 원칙에 대한 새로운 관점이었습니다. 독일이 분단국가였던 시절 서독이 동독을 향해 추진했던 '동방정책(Ostpolitik)'이라는 개념을 많이 참조했다고 알려져 있는데 김 전 대통령은 이를 통해 최초로 북한을 방문하여 6·15 공동선언을 이끌어 냈고 노벨평화상 수상까지 이어질 수 있었습니다. 관련 사례에 대한 많은 학습과 한국적 상황에 대한 성찰을 통한 새로운 개념의 창출이었습니다.

이러한 현상을 새로운 개념을 만든다고 하고 '개념적 사고력(Conceptual Thinking)'이라 말하고 이는 창의력의 근간이 됩니다.

영국의 물리학자 아이작 뉴턴(Isaac Newton)은 1600년대에 사과가 떨어지는 장면을 보면서 '만유인력의 법칙'이라는 개념을 만들었습니다. 역사 이래로 수많은 사람이 사과가 떨어지는 장면을 봤을 것인데, 왜? 다른 이들은 사과가 떨어지는 장면에서 중력이 있다는 것을 알지 못했을까요?

영국의 생물학자 찰스 다윈(Charles Robert Darwin)은 1800년대에 비글호를 타고 태평양에 있는 '갈라파고스 제도'를 탐사했습니다. 다윈은 갈라파고스 제도의 19개 섬의 새와 파충류, 거북이 등을 보면서 많이 놀랐습니다. 그곳의 동물들은 종류와 수는 그리 많지 않았지만 생긴 모습이 섬마다 조금씩 달랐기 때문입니다. 각각의 섬의 환경에 맞춰 살아남기 좋은 방향으로 변한 듯 보였습니다. 여행 이후 다윈은 《종의 기원》이라는 책을 통해 '진화론'을 발표했습니다. 그동안 인류가 지녀왔던 '창조론'이라는 개념이 뒤집히는 엄청난 사건이었습니다. 그 이후에도 아인슈타인의 '상대성 이론' 등 수많은 천재들이 수많은 개념을 발표합니다.

최근 기업경영에서 필수이론인 'ESG 경영'은 비재무적 요소인 환경(Environment), 사회(Social), 지배 구조(Governance)를 뜻하는 것으로, 장기적인 관점에서 친환경 및 사회적 책임 경영과 투명 경영을 통해 지속 가능한 발전을 추구하는 것을 말합니다. 경영의 새로운 패러다임, 즉 새로운 개념인 것입니다.

한동안 유행했던 'YOLO(You Only Live Once, 인생은 한 번뿐이다)' 또는 'MZ세대'라는 단어도 누군가가 만들어 낸 새로운 개념입니다.

또한 '비유와 상징'으로 현상을 명쾌하게 정리하는 탁월한 분들도 있습니다.

비유와 상징

박지성 선수가 영국 맨체스터 유나이티드의 선수 시절을 마치고 다른 팀들을 전전하던 때 국내 프로리그로 돌아온다는 언론의 보도가 있었습니다. 이때 많은 기자가 유럽 진출을 같이 했던 이영표 선수에게 질문을 던집니다. "박지성 선수가 한국으로 돌아온다고 생각하시나요?" 이 질문에 이영표 선수의 답은 명확했습니다. "박지성 선수는 국내 프로리그로 절대 돌아오지 않습니다. 왜냐하면 박지성 선수는 은퇴를 위해 짐 상자를 다 싸 놨습니다. 그런데 그 상자를 다시 풀어헤칠 이유가 없습니다."라는 말을 했습니다. 저는 이영표 선수의 표현에 대단히 놀랐습니다. 박지성 선수가 축구선수로서의 모든 것을 이루었고 이제는 은퇴 이후의 계획을 다 수립한 상황을 "짐

상자를 싸 놨다."라는 은유적 표현을 사용하였는데 이영표 선수의 상황에 대한 분석 능력과 '비유와 상징'으로 함축된 언어표현 능력에 감탄한 적이 있습니다.

스포츠 중계에서 가장 기억에 남는 멘트라고 하면 아마 "후지산이 무너지고 있습니다!"일 것입니다. 때는 1997년 9월 일본 도쿄에서 열린 프랑스 월드컵 아시아 예선, 한일전 후반에 터진 이민성 선수의 중거리 결승 골 장면에서 나온 MBC 송재익 캐스터의 명언입니다. 아시다시피 한일전은 다른 나라와의 시합과 다른 의미를 지니게 되는데 당시 게임은 한국이 프랑스 월드컵 진출을 확정할 수 있는 매우 중요한 시합으로 장소 또한 일본의 수도 도쿄에서 열렸습니다. 1:1로 팽팽하던 경기는 후반에 터진 이민성 선수의 왼발 중거리 슛으로 역전하게 되고, 이 순간 중계를 맡은 송재익 캐스터와 신문선 해설 위원의 심박수는 최고조에 이르렀을 것입니다. 그 찰나에 "후지산이 무너지고 있습니다!"라는 멘트가 나온 것입니다. 이러한 멘트는 사전에 준비하지 않았을 것 같은데 순간적으로 터져 나온 그의 비유와 상징은 많이 이들에게 지금도 회자(膾炙)되고 있습니다.

'비유와 상징'은 사람들에게 기억되기 좋은 방법론입니다. 저는 지금도 학창 시절 배운 '소피아'라는 단어를 잊지 않고 있습니다. 소크라테스의 제자 플라톤, 플라톤의 제자 아리스토텔레스를 칭하는 말입니다.

사람은 타인으로부터 의도나 정보를 들으면 뇌의 '해마'라는 기억 장치에 저장하게 됩니다. 이를 정보 처리 과정이라고 하는데, 정보를 기억하는 과정에서 비유와 상징은 매우 좋은 효과를 발휘합니다.

서울에 있는 유명한 대학으로 '독수리와 호랑이'로 상징되는 대학 하면 모두 잘 알고 계시죠? 또한 각 국가들마다 상징물이 있는데 캐나다 하면 빨간 단풍잎을 생각하게 되고 미국하면 흰머리 독수리가 떠오릅니다. 유명한 강사님들은 학생들이 잘 외울 수 있도록 비유와 상징을 잘 만들어 낸다고 하는데 언어 논리가 뛰어난 분들이 사용하는 방법입니다.

개념의 융합

이제는 기존에 발표된 개념들을 바꾸고 합치는 이야기들을 해 보겠습니다.

몇 해 전 저는 우연히 딸의 방에 들어갔다가 취업을 위해 딸이 써 놓은 자기소개서를 본 적이 있습니다. 물론 그전에 딸이 본인의 자소서를 써 달라고 하여 초안을 잡아 준 적도 있어 부담 없이 읽어 보게 되었는데, 자소서의 '본인의 강점'란에 "저는 재해석 능력이 있습니다."라고 쓰여 있는 글귀를 보고 저는 깜짝 놀랐습니다. 재해석 한다는 것은 쉬운 것 같지만, 알고 보면 매우 어려운 작업인데 대학 생인 딸아이가 현상을 다르게 바라보고자 한다는 것에 놀라면서 기뻤습니다. 현상을 재해석한다는 것은 '다르게 바라본다'라는 의미로,

앞서 말씀드린 인지 구조의 틀을 유연하게 한다는 것입니다. 이는 쉬운 듯하면서도 결코 쉽지 않은 사고의 전환입니다.

서울대학교 심리학과 최인철 교수가 저술한 《프레임: 나를 바꾸는 심리학의 지혜》란 책의 도입 부분에 〈핑크대왕 퍼시(Perc the Pink)〉[14]의 이야기를 다루고 있습니다.

> 핑크색을 광적으로 좋아하는 핑크대왕 퍼시는 자기 옷뿐만 아니라 모든 소유물이 핑크색이었고 매일 먹는 음식까지도 핑크 일색이었다. 그러나 핑크대왕은 이것으로 만족할 수가 없었다. 왜냐하면 성 밖에는 핑크가 아닌 다른 색들이 수없이 존재하고 있었기 때문이다. 고민 끝에 핑크대왕은 백성들의 모든 소유물을 핑크로 바꾸라는 법을 제정했다. 왕의 일방적인 지시에 반발하는 사람들이 많았지만 어쩔 수 없이 그날 이후 백성들도 옷과 그릇, 가구 등을 모두 핑크색으로 바꾸었다.
> 그러나 핑크대왕은 여전히 만족하지 않았다. 세상에는 아직도 핑크가 아닌 것들이 존재하고 있었기 때문이다. 그래서 이번에는 나무와 풀과 꽃, 동물들까지도 핑크색으로 염색하도록 명령했다. 대규모의 군대가 동원되어 산과 들로 다니면서 모든 사물을 핑크색으로 염색하는 진풍경이 연출되었다. 심지어 동물들은 갓 태어나자마자 바로 핑크색으로 염색되었다.
> 드디어 세상의 모든 것이 핑크색으로 변한 듯 보였다. 그러나 단 한 곳, 핑크로 바꾸지 못한 곳이 있었으니 그건 바로 하늘이었다. 제아무리 무소불위의 권력을 가진 왕이라도 하늘을 핑크로 바꾸는 것은 불가능한 일이었다. 며칠을 전전긍긍했지만 뾰족한 수가 떠오르지 않자, 핑크대왕은 마지막 방법으로 자신의 스승에게 묘책을 찾아내도록 명령했다. 밤낮으로 고심하던 스승은 마침내 하늘을 핑크색으로 바꿀 묘책을 찾아내고는 무릎을 쳤다. 스승이 발견한 그 묘책은 과연 무엇이었을까?

---

14) 최인철, 《프레임: 나를 바꾸는 심리학의 지혜》, 21세기북스, 2021, 11~13쪽 참고.

핑크대왕 앞에 나아간 스승은 왕에게 이미 하늘을 핑크색으로 바꿔 놓았으니 준비한 안경을 끼고 하늘을 보라고 했다. 대왕은 반신반의하면서도 스승의 말에 따라 안경을 끼고 하늘을 올려다봤다. 그런데 이게 어찌된 일인가? 구름과 하늘이 온통 핑크색으로 변해 있는 것이 아닌가. 스승이 마술이라도 부려 하늘을 핑크색으로 바꿔 놓은 것일까? 물론 아니다. 스승의 한 일이라곤 핑크빛 렌즈를 끼운 안경을 만든 것뿐이었다. 하늘을 핑크로 바꾸는 것은 불가능한 일이었지만 하늘을 핑크색으로 보이게 할 방법은 찾아냈던 것이다. 핑크대왕은 크게 기뻐하며 그날 이후 매일 핑크 안경을 끼고 세상을 바라보면서 행복한 나날을 보냈다. 백성들은 더 이상 핑크색 옷을 입지 않아도 되었고, 동물들도 핑크색으로 털을 염색할 필요가 없었다. 핑크 안경을 낀 대왕의 눈에는 언제나 세상이 온통 핑크로 보였던 것이다.

재해석한다는 것은 앞서서 말씀드린 '현상을 바라보는 틀'을 바꾼다는 것과 같은 의미로 볼 수 있습니다.

한동안 인문학 열풍이 분 적이 있습니다. 기존의 경영학이나 기술 과학 분야를 '인문학의 관점에서 새롭게 바라보자'가 핵심으로, 이는 "서로 다른 것을 한데 묶어 새로운 것을 잡는다"라는 '통섭(統攝, consilience)' 이론에 기반하고 있습니다.

페이스북을 창업한 '마크 저커버그(Mark Zuckerberg)'는 하버드 대학에서 컴퓨터공학과 심리학을 복수 전공하였습니다. 그는 정신과 의사였던 어머니의 영향으로 어린 시절부터 그리스 로마 신화를 탐독하고 예술과 논리학 등 인문학 분야에 조예가 깊었습니다. 그는 대학을 다니면서 하버드 대학 학생만 가입이 가능한 SNS인 페이스북을 만들었는데 페이스북이라는 소셜 네트워크를 만든 기반 이론이 인문학적 소양인 "인간은 누구나 연결되고 싶어 한다."라는 것이었다고 합니다. 그의 통섭 역량을 보여 주는 일례입니다. 그 후 페이스북은 가입 범위를 차츰 넓혀 전국의 대학생, 고등학생들이면 누구나 가입할 수 있도록 했고 2006년부터는 13세 이상이면 누구나 가입할 수 있는 개방형 플랫폼으로 바뀌었습니다. 사업의 초창기에 그는 야후(Yahoo)로부터 10억 달러의 인수 제안을 받았지만 거절했고 현재는 세계 최고 부자 중 한 명입니다.

저는 '세상사의 원칙'에 대한 고민을 한 적이 있습니다. 원칙이라고 하면 변화가 없어야 한다는 생각이 지배적이었는데, 예를 들어 "해는 동쪽에서 떠서 서쪽으로 진다."라는 원칙은 불변입니다. "지구를 도는 바람은 서쪽에서 동쪽으로 분다." 등 자연과학 분야의 화학, 물리학, 생물학의 원칙은 거의 변화가 없습니다. 물론 "지구가 태양을 주위를 도느냐? 태양이 지구를 도느냐?"라는 천동설과 지동설의 논란은 사람들이 과학적으로 무지하여 일어난 일이라 제외하겠습니다.

하지만 불변으로 생각되던 세상사의 원칙은 사회과학으로 오면 상황이 달라집니다. 사회과학에서의 원칙은 상황에 따라 변화하는데 예를 들어 자식이 부모를 부양하는 것은 조선시대에는 원칙이었습니다. 하지만 현재는 부모 부양은 선택적 사항이 되었고, 이제는 자녀들과의 갈등이 두려워 부모들이 거부하는 모습을 보이기도 합니다.

그 시대, 그 지역에 거주하는 사람들의 '보편적 가치'에 의해 원칙이 바뀐 것입니다. 변화가 거의 없는 자연과학도 사회과학, 인문학의 관점에서 바라보면 훨씬 유연해집니다.

앞서 말씀드린 바와 같이 테슬라의 일론 머스크는 우주왕복선 스페이스X 발사 추진 로켓을 회수하여 재활용하는 아이디어를 실현하였습니다. 아마도 그전까지는 추진 로켓은 재활용이 안 된다는 것이 원칙이었을 것입니다.

애플의 창업자 스티브 잡스(Steven Paul Jobs)는 2007년 기존의 휴대폰과 PC가 결합된 아이폰을 출시합니다. 정보통신 분야의 한 획을 긋는 역사적인 순간이었습니다. 잡스는 매킨토시(Macintosh) PC, 아이팟(iPod), 아이폰(iPhone), 아이패드(iPad)를 연속적으로 출시하였고 이에 애플사는 일약 세계적인 기업으로 성장합니다. 자기 딸인 '리사(Lisa Brennan Jobs)'를 친딸이 아니라고 거부하고 췌장암에 걸렸으면서 민간요법 치료를 고수하는 등 괴팍하기로 소문난 잡스이지만 제품이나 디자인의 개발에 있어 아주 탁월한 역량을 보여 줍니다.

1985년 애플에서 쫓겨났다가 1997년 임시 CEO로 복귀한 잡스는 당시 애플사에서 개발 중인 신기술, 신제품 관련 부서를 순시한 뒤 진행 중이던 제품 개발 계획을 몽땅 폐기하다시피 하며 임직원들에게 "다르게 생각하라(Think Different)!"를 요구합니다. 상황을 다르게 바라보라는 것이었습니다. 앞에서만 볼게 아니고 뒤에서, 옆에서 보면서 다른 관점(Point of View)을 만들어 보라는 것이었습니다. 아시다시피 잡스는 인문학적 관점을 매우 중요시하는 분이었습니다.

기존의 개념이나 정의, 관점들을 모아 새로운 것을 만들어 내는 것을 '발상의 전환' 또는 '패러다임 전환(Paradigm Shift)'이라고 하는데 잡스는 미래가 어떻게 변화할지, 변화된 세상에서 요구되는 휴대폰의 특성이 무엇일지, 디자인이 무엇일지 인문학의 관점에서 생각할 줄 아는 탁월한 지능의 인재였습니다.

세상은 급격히 변화하고 있습니다. 특히 4차 산업혁명은 인류의 삶에 많은 변화를 줄 것입니다. 여러분들이 손에 들고 있는 스마트폰은 불과 20년 전만 하더라도 생각해 볼 수 없는 기기였습니다. 향후 20년 후에는 어떤 기기들이 우리의 동반자가 될까요?

4차 산업시대를 '융합(Convergence)의 시대'라고 합니다. 유사한 것끼리 묶어서 새로운 것을 만들어 내는 것을 말하는데 PC와 휴대폰이 융합되어 스마트폰이 탄생하였고, PC와 책이 융합되어 '이북(eBook)'이 나왔습니다. 휴대폰과 사진기가 융합되었고, 이제는 전기차와 드론이 융합된 '드론카'가 상용화를 앞두고 있습니다. 아마도 드론카는 수년 내에 현실이 되어 우리의 삶에 큰 변화를 줄 것입니다. 드론카가 상용화되면 배터리 산업은 더욱 성장하고, 타이어 산업은 큰 타격을 입게 되겠지요. 하늘길이 생기면서 땅 위의 도로도 점점 사라지게 될 것이니까요.

이렇듯 기존에 있던 정의나 개념들을 다르게 바라보며 다른 개념들과 융합하여 새로운 개념(Concept)을 만들어 가는 과정은 새로운 산업이나 제품이 만들어지게 하는 '창의력의 산물'이라고 말할 수 있습니다.

논리력

"저 사람은 참 똑똑해." "참 탁월하군요." 등의 말을 듣는 사람들이 가지고 있는 특성은 상황 정리를 객관적으로 잘한다는 것입니다. 지능이 높은 사람들로 이런 사람들은 앞서 적성검사의 평가기준으로 언급된 '논리(論理)'적인 접근을 잘합니다.

많은 사람들이 논리라는 단어를 사용합니다만 그 의미를 제대로 말씀하는 분은 보질 못했습니다. 논리의 의미는 무엇일까요? 어떻게 하면 논리적인 사람이라는 말을 듣게 될까요?

'논(論)'이라는 글자는 말씀 언(言) 자와 묶을 륜(侖) 자로 구성되어 있어 '논(論)'의 의미는 '말 묶음'을 의미합니다. 그리고 '리(理)'는 다스릴 이(理) 자로 이치, 법칙, 규칙을 말합니다. 결국 논리는 '말 묶음의 이치'라고 해석할 수 있는데 하지만 이 또한 어려운 말입니다. 저는 논리란 단어를 쉽게 설명해 보려고 고민했고 논리란 '타당하여 설득력이 있음' 정도로 정리할 수 있었습니다. 저는 이후 좀 더 쉬운 표현 방법이 없을까? 고민했고 그 결과 논리는 '말이 되는 말'이라는 표현이 적합하다는 결론에 도달했습니다. 우리는 가끔 "와! 말 되는데!"라는 표현을 쓰는데 이는 타인의 표현에 설득력이 있다는 의미입니다.

"타당함으로 설득력이 있어 '말이 되는' 표현이 '논리'인 것입니다."

"말도 안 되는 소리 하지 마!"라는 표현은 논리가 부족하다는 의미이고 "말이 좀 되는 것 같은데?"라는 표현은 논리가 조금은 있다는 뜻입니다. 이 외에 "귀하의 의견에 일리가 있다."라는 표현들도 모두 '논리가 있다'는 의미이죠. 결론적으로 논리의 의미는 타인이 수용할 수 있는 말 또는 문장, 표현 등이라고 말할 수 있습니다. 그렇다면 타인들이 수긍하는, '말이 되는 말'이란 것은 구체적으로 무엇일까요?

타인들이 수용할 수 있는 말이라는 것은 주장과 주장을 뒷받침하는 근거가 명확해야 합니다. 그랬을 때 논리적인 타당성을 확보합니다. 예를 들어 "우리 선생님은 국어 선생님인데도 불구하고 영어를 잘하나 봐."라는 주장은 그에 따른 근거와 이유가 있어야 합니다. "왜냐하면 선생님의 서재에는 영어 원서로 된 책들이 많이 꽂혀 있거든."이라는 근거는 "영어를 잘할 것 같다."라는 주장의 근거가 되는 것입니다. 위의 표현처럼 주장과 이를 뒷받침하는 근거와 이유를 명확하게 제시하는 것을 논리적인 표현이라고 말하고 이를 '논증(論證)의 구조'라고 합니다.

앞서 말씀드린 유시민 씨의 표현이 말이 되는 이유는 유시민 씨의 주장에 근거가 명확함으로써 타당하며 설득력이 있다는 것입니다. 하지만 주변에는 주장은 하지만 논거인 이유나 근거가 부족한 사람들이 많습니다. 이런 분들의 표현을 '궤변'이라고 말하죠.

유시민 씨나 진중권 씨 외에도 설득력이 있는 말을 만드는 '논객(論客)'들은 많습니다. 일단 우리 주변의 정치인들을 보면 그들은 모두 논객들입니다. 그들은 본인을 뽑아 달라는 주장을 합니다. 그러면 투표권을 가지고 있는 우리는 그 주장과 그 근거가 타당한지, 그의 말과 행동을 평가하죠. 김대중 대통령의 대북 햇볕정책, 노무현 대통령의 지역분권화 및 국토 균형 발전, 이명박 대통령이 주장한 747 공약(평균 7% 성장, 국민소득 4만 달러 달성, 7대 경제 강국) 등의 주장이 그 예입니다.

올림픽 개최지를 선정할 때 모든 후보지들은 "우리의 개최지가 최고입니다. 그러므로 우리를 선정하여 주십시오."라는 주장을 하며 다양한 이유와 근거를 제공합니다. 이러한 논거들이 설득력이 있으면 개최지로 선정되는 것입니다. 물론 여기에는 영향력이 있는 분들의 지원과 적극적인 홍보도 필요할 것입니다.

타당성은 시대와 나라(지역)를 지배하고 있는 보편적인 상식이나 가치가 기준이 됩니다. 객관적이어야 한다는 것입니다. 조선시대 때 "여성들이 짧은 치마를 입어도 된다."라는 주장을 했다고 한다면 미친놈 소리를 들었을 것입니다. 하지만 지금은 다르죠. 먹고살기도 힘든 아프가니스탄에서 올림픽을 개최한다고 요청을 한다면 아무도 귀 기울여 주지 않을 것입니다. 이렇듯 타당함의 기준은 시대와 지역에 따라 아주 다르게 나타납니다.

위에서 언급한 적성검사에서의 논리도 마찬가지입니다. 제시된 문제들을 해결하는 기준 즉, 평가자들을 설득할 수 있는 타당성의 기준은 보편적인 현재의 국내외 정서와 과학, 가치들이 포함된, 누구라도 인정할 수 있는 객관적인 내용이어야 합니다.

2

성취, 열정, 끈기

　미국의 골프선수인 타이거 우즈(Tiger Woods)는 골프 역사상 최고의 선수입니다. 2023년 기준 PGA를 포함하여 통산 109승(PGA 82승) 달성, 누적 상금액 1억 2천만 달러 돌파, 골프장에 그가 나타나면 항상 구름 같은 갤러리를 몰고 다니고, 골프 방송의 시청률 10%를 상회시키는, 골프라는 스포츠의 성장에 절대적으로 기여한 전설적인 선수입니다. 그는 한때 교통사고로 잠시 활동을 멈추었지만 이후 아들과 함께 참가한 대회에서 팬들에게 큰 환호를 받았습니다. 국내에도 많은 팬을 지닌 타이거 우즈의 성공 비결은 무엇일까요? 무엇이 흑인 아버지와 태국 어머니의 혼혈아인 그를 세계 최고의 스포츠 스타 반열에 올려놓았을까요?

　우리나라에 세계적인 산악인이자 탐험가인 허영호 씨가 있습니다. 한국인 최초로 에베레스트 겨울 등반에 성공하였고 7대륙의 최고봉을 차례로 등정하였으며 에베레스트와 함께 남극, 북극을 차례로 도전하여 3극점을 정복하였습니다. 이를 '어드벤처 그랜드 슬램(Adventure Grand Slam)'이라고 하는데 이는 세계 최초의 사례입니다. 이 자체만으로도 큰 업적일 수 있습니다만 그의 도전 역사는 여기에 그치지 않았습니다. 경비행기로 세계 일주 계획을 밝히고 실제로 경기도 여주에서 제주도 서귀포까지 경비행기로 도전하여 실패도 맛보았지만 결국 성공하였습니다. 그는 산악인으로 탐험가로 수많은 죽을 고비를 넘겼습니다. 그러면서도 그는 또 다른 도전을 준비하고 있습니다. 무엇이 이토록 그를 움직이게 하는 것일까요?

미국의 발명왕 에디슨(Thomas Alva Edison)은 정규 교육을 3개월밖에 받질 못하였지만 우리들의 삶에 불을 밝혀 준 사람으로 유명하죠. 전신기, 자동 발신기, 축음기, 전화 송신기, 신식 발전기, 전등 부속품, 전차, 발전소, 영화, 축전지 등 우리의 삶에 큰 변화를 준 발명 특허는 대략 1,300여 개에 달합니다. 웬만한 사람들이면 한두 가지의 발명품으로 큰돈을 벌어 안락하게 살만도 한데 그는 가정을 팽개쳐 둔 채 오로지 발명에만 매달려 평생을 보냈습니다. "나는 발명을 하기 위해 발명을 계속한다."라고 말하며 오로지 일에만 몰입하게 하는 요인은 무엇이었을까요?

개그맨 김병만 씨는 우리나라 연예인 가운데 처음으로 사업용 비행기 조종사 자격을 따 화제를 모았습니다. 김병만 씨는 3년간 31회의 도전 끝에 프로펠러가 하나 달린 영리목적의 단발기를 조종할 수 있는 자격을 얻었는데 김병만 씨는 이 외에도 굴삭기·지게차 등

중장비 면허뿐 아니라 스카이다이빙 텐덤 교관 및 코치, 스쿠버다이빙 트레이너, 공업 배관 면허 등 약 30여 개의 자격증을 가지고 있다고 합니다. 〈정글의 법칙〉이라는 TV프로그램 중간에 짬을 내어 공부한 결과라고 하는데 그는 어느 정도 이름이 알려진 연예인으로 이러한 노력을 하지 않아도 충분히 살아갈 수 있을 텐데 "통장에 돈이 찍히는 것보다 좋다."라고 하며 꿈꾸고 도전하는 이유는 무엇일까요?

우리는 주변에서 뭔가 일을 시작하면 끝을 보는 사람들이 종종 있습니다. 왜 그들은 끝을 보려 할까요?

많은 사람들이 다이어트라는 살 빼기에 도전합니다. 음식물을 조절하는 다이어트, 운동을 통한 다이어트, 약물을 통한 다이어트 등 많은 다이어트 방법들이 넘쳐 나고 있습니다. 그런데 재미있는 현상은 다이어트 성공한 사람들은 방법을 가리지 않는다는 것입니다. 금연도 마찬가지입니다. 독하다는 말을 듣기는 하지만 그 어렵다는 금연에 성공한 사람들이 있는데 이들은 하겠다고 마음을 먹으면 어떤 방법을 쓰든지 상관없이 목표한 것을 이루고 맙니다.

골프를 하는 사람들의 유형도 다양합니다. 어떤 이는 성적을 올리는 데 초점을 두는가 하면 어떤 이는 타인들과 관계를 맺는 데 중점하며 골프 성적에는 별로 신경을 안 쓰는 사람들이 있습니다. 하지만 대다수 골퍼들은 남들보다 우월한 골프 실력을 뽐내기 위해 정말 열심히 연습합니다. 그래서 시작한 지 6개월 만에 싱글을 쳤다는 친구들이 있고, 어떤 이는 목표를 좀 더 높게 설정하여 아마추어 대회에 출전하기 위해 노력하는 분들도 있습니다. 하지만 포기가 빨라 20년의 골프 경력임에도 아직도 90대를 치는 경우도 종종 있습니다.

다이어트나 골프 외에도 책 쓰기, 악기 배우기, 영어 공부 등에 도전하여 성공하는 경우와 포기하는 경우가 있는데 성공하는 사람들은 무엇이 있어 성공에 이르게 되는 것일까요?

타이거 우즈, 허영호, 에디슨, 김병만은 무엇을 지니고 있어 최고가 되기 위해 끝없이 도전하는 것일까요?

일단 이들은 최고가 되기 위해 엄청난 열정을 가지고 끝에 끝을 판 사람들임은 분명합니다. 본인이 목적한 바를 달성하기 위해 목표를 분명히 하고 목표를 달성하기 위해 자원을 분배하며 고도의 집중력을 가지고 하나하나 이루어 가는 사람들입니다.

이런 행동을 일으키는 무의식적인 요인을 성취동기라고 말합니다.

사람을 움직이는, 동기

성취동기 이론은 1953년 하버드 대학 심리학과 교수인 매클렐런드 교수에 의해 발표된 사회적 동기 이론(성취동기, 친화동기, 권력동기) 중의 하나입니다.

'동기(動機)'라는 단어는 움직일 동(動) 자와 틀 기(機) 자로 형성되어 있는데 동기란 '사람을 움직이게 하는 그 무엇'이라고 정의할 수 있습니다.

저는 어렸을 적에 부모님으로부터 공부를 잘해야 한다며 많은 조언을 받고 살았습니다. 공부를 못하면 공부 잘하는 친구들과 비교하며 저를 자극하였고, 심지어는 때리기도 하였으며 공부를 잘할 때는 칭찬과 함께 용돈을 주기도 하였습니다. 공부라는 행동을 일으키게 하는 학습동기(學習動機)를 유발하게 하려는 동기부여의 과정이었습니다.

여러분들은 가정에서 직장에서 부모님과 상사의 행동으로부터 영향을 받습니다. 그런 과정에서 행동하고자 하는 동기가 저하되기도 하고 동기가 충만되기도 하죠.

부모의 부부싸움은 자녀들에게 많은 불안감을 줍니다. 이 과정에서 부모들은 본인들의 감정에 휩싸여 "지금 엄마가 너무 괴로우니까 네가 알아서 좀 해." 등의 무책임한 말을 하는 경우가 있는데 이런 말 한마디는 자녀들의 공부하고 싶은 동기를 싹 사라지게 만들어 버립니다.

자녀들은 부모에게 바라는 기대감이 있습니다. 보살핌받고 싶고, 인정받고 싶은 것입니다. "이번에 좋은 성적은 올리지 못했지만, 우리 아들이 최선을 다하는 모습이 너무 좋아." 이런 말 한마디는 자녀들의 학습동기를 높이는 결과를 만들어 내죠.

직장에서 상사에게 듣는 칭찬 한마디는 엄청난 동기부여의 효과가 있습니다. "어제 자네의 발표는 대단했어. 발표 자료도 좋았고, 전달 능력도 너무 좋았다네, 정말 수고했어." 이런 상사의 칭찬은 부하직원의 자기효능감을 높여 주어 일을 열심히 하고 싶은 동기를 부여합니다. 하지만 상사의 "자네 하는 일이 늘 그렇지, 나의 기대가 너무 컸구먼." 등의 짜증 섞인 꾸중은 일하고 싶어 하는 동기를 꺾어 버립니다.

동기는 외부에서 오는 금전, 명예, 권력 등의 거래적인 수단도 있지만 인정, 칭찬, 격려 등의 내적인 동기부여도 있습니다. 또한 우리는 명확하게 인지하지 못하지만 살아가면서 타인들과 환경으로부터 이리저리 많은 동기를 부여받고 살아가고 있습니다. 예를 들어 TV에서 유명 연예인이 여행 프로그램에 나오면 여행 가고 싶은 것처럼 말입니다.

사람을 움직이게 하는 동기는 타인 등 밖에서 오는 것도 있지만 내부에서 스스로 발동되기도 합니다.

직장에서 동료가 발표를 성공리에 마무리 지어 상사들로부터 칭찬받은 모습을 보면서 '아, 멋있다. 나도 발표 연습해야지.'라는 동기가 발생합니다. 해외여행을 갔다가 영어를 잘하는 친구를 보고 시기와 부러움으로 영어 공부를 시작하는 사람들도 많은데 타인들이 하는 행동을 보며 본인을 자각하여 스스로 동기를 발현시키는 경우입니다.

하지만 어떤 이들은 같은 모습을 보면서 '쟤는 발표 잘해서 좋겠다.'라면서 그냥 지나치는 사람도 있을 것이고 친구가 영어 잘하는 모습을 보면서도 '나는 영어가 안 돼.'라며 스스로 포기하는 사람들도 있습니다.

여러분들도 등산 경험이 있을 것입니다만 어떤 이들은 정상에 올라가는 이가 있고 어떤 이들은 체력적으로 어려움이 없는 것 같은데 중간쯤에 포기하고 일찍 하산하여 막걸리로 만족하는 분들도 있습니다.

성취동기의 속성
스스로 뭔가를 일구어 보려고 하는 사람들과 일찍 포기하는 사람들의 차이는 무엇일까요?
이는 뭔가 하고자 하는 동기 수준이 다른 것입니다.

저는 직장 생활을 하면서 뭔가 부족하다는 생각에 늘 책을 가까이하게 되었고 대학원 진학을 결심하게 되었습니다. 가정을 가진 직장인으로 시간적으로, 금전적으로 어려웠지만 도전하게 되었는데 대학원 진학을 결심할 때, 꼭 해야만 할 것 같은 무의식적인 압박이 저를 지배했습니다. 여러분들도 저와 같은 경험이 있으실 것 같은데 학창 시절 왜 그렇게 공부를 열심히 하셨나요? 물론 부모님들의 동기부여도 있었겠지만, 여러분 스스로도 하고자 하는 뭔가가 있었을 것입니다.

'꼭 해야만 할 것 같은, 나의 안에서 우러나오는, 나를 도전으로 이끄는 그 무엇'. 그것은 무의식적으로 올라오는, 성취하고자 하는 욕구입니다.

여러분들은 멍때리는 기억들이 있을 것입니다. 요즘은 많은 분들이 불멍, 물멍, 숲멍 등 다양한 멍을 즐기시는 것 같습니다. 그런데 잠시 휴식을 위해 멍을 즐기는 것은 문제가 없겠습니다만 여러 날을 멍을 즐기면 어떨까요? 아무것도 하지 않고 그냥 집 안에서 시체놀이 하듯이 가만있으라고 하면 어떨 것 같은가요? 편안함을 느끼는 사람들 있는가 하면 불안을 느끼는 사람들도 있을 것입니다. 이때 불안감을 느끼지 못한다면 뭔가를 일구고 만들어 내는 욕구가 약하다고 말할 수 있습니다.

서울역에 가면 노숙인들로 인해 보기 불편한 장면들이 있습니다. 노숙인들은 사업 실패 등의 좌절 경험으로 인해 '나는 안 돼.'라는 의식이 팽배한 자포자기의 상태입니다. 삶의 목표를 잃어버린 것입니다. 노숙인들에 대한 심리 연구 결과가 여러 편 있는데 '자기효능감'이 현저히 떨어져 있다는 결과들이 있습니다. 이들의 성취동기를 조사해 보면 분명히 낮은 수준에 있을 것으로 생각됩니다. 성취동기가 높은 사람은 엄청난 충격을 받지 않은 이상 서울역에서의 노숙이라는 본인의 상황을 견디지 못합니다.

성취동기가 높은 사람은 기본적으로 가만히 있지 못하는 사람들입니다. 뭔가를 고민하고 해야 하는 사람들인 거죠.

> "성취동기는 개인으로 하여금 능력에 비추어 도전할 만한 가치가 있는 일을 탐색하도록 하고, 그러한 일을 더 능률적으로 수행하도록 하며, 성취할 수 있다는 자신감을 갖게 한다. 성취동기가 높은 사람은 자신의 능력으로는 도저히 감당할 수 없는 일이거나 순전히 우연이나 요행만으로 가능한 일에는 별 흥미를 갖지 못하며, 자신의 능력으로 해낼 수 있는 일에 도전적으로 흥미를 갖는다. 그리고 그는 성취의 결과를 구체적으로 예견함으로써 성취 활동을 더욱 강화한다. 그러나 성취를 통해서 얻게 되는 결과를 목표로 삼으려고 하지 않고 이 결과는 단지 성공의 척도 내지 수단으로 간주한다. 성취인은 이기적이 아니며, 개인을 위해서나 집단을 위해서나 똑같이 작업에 열중하며, 과업 자체의 성취에 높은 흥미를 갖는다. 따라서 과업 수행의 잘못을 타인에게 전가시키려고 하지 않고 모든 책임은 자신에게 있다고 여긴다. 끝으로, 그는 장기 안목으로 미래에 성취를 통해서 얻게 될 만족을 기대하면서 현재의 작업에 열중한다."

매클렐런드 교수는 성취동기를 측정하여 성취 욕구가 높은 사람들과 낮은 사람들을 비교해 보면 성취 상황에서 서로 다른 독특한 행동 특징을 보인다고 주장했고 성취동기가 높은 사람들의 행동 특징들을 다음과 같이 제시했습니다.

- 과업 지향성: 높은 수행이나 도전으로 자기 능력을 시험하는 데 흥미를 느낀다. 성취를 통해서 결과로 얻게 되는 외적보상보다 성취 자체를 목적으로 추구하는 경향이 있다.

- 모험성: 과제를 수행해서 성공 확률이 중간 수준이 되는 모험적인 과제의 해결에 흥미를 느낀다. 모험 수준이 아주 낮거나 이와 반대로 지나치게 모험적인 과제에 대해서는 흥미를 느끼지 못한다. 다시 말해서 문제 해결이 극히 어려워서 성공 확률이 극히 낮은 경우뿐만 아니라 문제 해결이 너무 쉬워서 성공 확률이 높은 과제에 대해서도 도전하려 하지 않고, 과제의 난이도가 중간 수준인 과제를 선택하려는 경향이 있다.

- 성취 가능성에 대한 자신감: 성취동기가 높은 사람은 대체로 자신이 수행하는 과제에서 성취 가능성이 높다고 믿는다. 특히 자기 행동의 성취 가능성을 객관적으로 판단할 현실적 근거가 없더라도 자기 나름대로 자신감을 갖고 과업 수행을 열심히 추진한다.

- 정력적·혁신적 활동: 새로운 변화를 통해서 혁신해야 할 필요가 있거나 새로운 문제 해결 방법을 요구하는 상황에서 성취동기가 잘 유발되는 경향이 있다.

- 책임감: 자신의 책임을 회피하려는 경향이 낮다. 행동의 결과를 타인이나 환경이 원인이라고 보지 않고 자기 책임으로 보려는 경향이 높다. 또한 지시나 명령에 따르기보다 자발성이 높다.

- 행동 결과에 집중: 과업 수행을 위해서 자신이 쏟은 노력이 성공을 가져왔는지 아닌지 결과를 알려는 경향이 높다. 또한 자신의 행동 결과가 나쁘더라도 이를 알게 되었을 때 느끼는 두려움을 극복할 수 있다. 그뿐만 아니라 자신이 노력해서 얻은 결과가 좋든 나쁘든 간에 이 결과를 토대로 새로운 문제 해결에 활용한다.

- 미래지향성: 과거 경험이나 현재 시점에서 자신이 받은 평가를 행동의 기준으로 삼기보다 장래에 있을 상황을 예견하여 이에 따라서 현재 행동을 이끌어 가는 경향이 있다. 그리고 미래지향적인 문제 해결 상황에서 성취 욕구가 쉽게 촉발된다.

성취와 보상

산악인 허영호 씨는 1987년 국내 산악인 최초로 겨울 에베레스트 정상을 밟았을 때 엄청난 성취감을 느꼈을 것입니다. 본인이 목표한 세상에서 가장 높은 곳을 최악의 상황에서 올랐다는 행복감은 이루 형언할 수 없었겠지요. 등정과 하산 과정에서 겪었던 몇 번의 죽을 고비의 기억은 눈 녹듯이 사그라졌을 겁니다. 하지만 이를 지켜보는 가족들과 주변에서는 목숨을 걸고 일구어 낸 성과이기에 한 번의 성공으로 족하니 산을 오르는 위험한 일은 멈추고 다른 일을 해 보라고 권했을 법한데 허영호 씨는 국내에 돌아와 다시 도전을 시작합니다. 히말라야 로체를 등정하고 이번에는 탐험가로 북극점 정복에 도전합니다. 명예는 주어지지만, 큰돈을 버는 일도 아닌데 왜 목숨을 걸고 그는 또 도전을 꿈꿀까요?

2가지 이유로 말씀드리고 싶은데 하나는 첫 성취에 대한 행복감이 너무도 큰 것입니다. 그래서 다시 그 행복감을 느끼고 싶어 도전하는 것입니다. 또 하나는 무의식 속에서 그를 가만두지 않는다는 겁니다. 꿈틀꿈틀 올라오는 도전의식이 그를 가만두지 않습니다.

그에게 그런 성취를 하지 못하도록, 산에 오르지 못하게 하면 그는 이른바 번아웃(Burn-out)이라는 소진감에 빠지게 됩니다. 뭔가를 일구고 싶은데 하지 못하면 답답함이 쌓이고 이런 답답함은 스트레스로 오게 되고 이로 인해 무력감이나 우울증이 발생하게 되는데 이런 현상을 번아웃 증후군(Burn-out Syndrome)이라고 합니다.

허영호 씨는 7대륙 최고봉, 3극점 정복이라는 초유의 성공을 이루고도 땅 위를 걸어서 다니는 것이 싫어서인지 이제는 경비행기를 타고 세계 일주를 하겠다는 도전을 발표하였습니다. 이렇듯 성취에 대한 욕구는 끊임없이, 죽을 때까지 이어집니다.

허영호 씨는 2007년 1월 경기도 여주에서 제주 성산까지 왕복 코스를 경비행기로 도전하였다가 전남 완도군 해상에서 시동이 꺼지는 사고로 불시착하게 됩니다. 이때 지나가던 가스 운반선에 의해 목숨을 건졌다고 하는데 그는 이후로도 굴하지 않고 2011년 4월 3일, 600kg짜리 초경량 비행기를 타고 독도와 마라도 등 우리 영공의 동, 서, 남쪽 끝자락을 도는 10시간에 걸친 1,800km 단독 비행에 성공했습니다. 이쯤 되면 허영호 씨는 목숨이 걸린 실패쯤은 그냥 우습게 여기는 어마어마한 회복탄력성을 보여 줍니다.

저는 국내의 여러 기관의 역량평가사 또는 면접관으로 활동을 하고 있습니다. 국내의 굴지의 공기업의 신입사원 면접관으로 활동 시의 경험입니다.

많은 신입사원 지원자들 중에는 행정고시 등의 국가고시를 준비하다가 오는 분들이 가끔 있습니다. 이분들은 약 4~5년을 열심히 공부하다 실패를 하고 인생을 다시 설계하여 오신 분들인데, 이분들에게 이런 질문을 던집니다. "행정고시 3번 낙방했을 때의 기분은 어땠나요?" 이때의 답은 대다수 "저와 인연이 닿지 않는다고 생각했습니다." 또는 "저의 역량의 한계였습니다." 등으로 겸양의 답을 합니다. 그럼 저는 다시 한번 질문을 던집니다. "당시의 솔직한 심정을 말씀해 주십시오." 제가 기대하는 답은 "당시에 정말 화가 많이 났습니다. 그래서 며칠을 방황하고 다녔습니다."입니다.

정상적인 성취동기를 지닌 분이라면 실패한 상황에서 충격을 받아야 정상입니다. 몇 년을 고생한 일이 실패했는데 그 상황에 순응하는 사람이라면 문제가 있는 사람입니다.

여러분들은 뭔가 일을 추진하다가 실패했을 때 기분이 어떤지요? 하늘에 뜻이려니 하면서 순응하는지요? 아니면 단단히 화가 나서 실패한 원인을 분석하고 다시는 그러한 일이 일어나지 않도록 대비하는지요?

타이거 우즈는 실패를 두려워하지 않았고 오기(傲氣)와 집착(執着)이 많았던 친구입니다. 건방질 정도였지요. 이러한 그의 태도는 다른 선수들을 기죽이는 데 큰 역할을 했는데 세계적인 톱클래스의 선수들도 타이거 우즈와 시합을 할 때 평소보다 실수를 많이 했습니다. 이를 '우즈 역효과'라고 하는데 타이거 우즈의 집요함과 끈기에 주눅이 들어 버리는 현상이었습니다.

미국 노스웨스턴 대학의 제니퍼 브라운(Jennifer Brown) 교수의 연구에 의하면 상금 순위와 성적이 좋아 예선 면제를 받고 곧바로 본선에 참가한 선수들과 예선전을 치르고 대회 본선에 올라온 하위 선수들을 나누어 우즈의 영향을 조사한 결과 하위 선수들은 우즈의 참가와 무관하게 비슷한 성적을 냈는데 상위 선수들은 우즈가 참가한 대회에서 평균적으로 1타를 더 많이 쳤다는 사실을 밝혀냈습니다. 상위권에 있는 선수들은 우즈와 함께한 시합 경험으로 그의 성향을 잘 알고 있어 미리 주눅이 들어 버렸다는 것입니다. 우즈의 PGA 대회의 연장전 결과가 15승 1패라는 승률이 말해 줍니다. 연장전은 1:1로 진행이 되고 상대를 이겨야 우승을 할 수 있기에 선수들이 느끼는 긴장감은 다른 시합과는 비교되지 않습니다. 우즈와 대결한 대다수의 상대 선수들은 그의 집요함과 끈기를 당해 내질 못한 것입니다. 그래서 어떤 이들은 신사의 운동인 골프를 지나치게 경쟁적으로 만들었다고 비판하기도 합니다.

미국 펜실베이니아 대학 심리학과 교수 안젤라 덕워스(Angela Duckworth)는 학업 성취도에 영향을 미칠 수 있는 다양한 변수들 중 끈기(Grit)가 고등학교 입학 후 성적에 가장 큰 영향을 미쳤다는 연구 결과를 발표하였습니다. 일반적으로 알고 있는 지능(IQ)이 높으면 공부를 잘할 거라는 견해는 잘못된 것이며 지능도 학업 성취도에 영향을 미치지만 끈기와 의지가 두 배 이상의 영향을 주었다고 합니다. 뭔가를 이루고자 하는 강한 의지가 재능이라고 말할 수 있는 지능이나 예체능적인 운동, 음악, 미술 등의 소질보다는 우선한다는 것입니다. 물론 개인적으로 타고난 소질과 높은 성취동기가 만나면 타이거 우즈처럼 빛을 발하게 되는 것이겠지요.

최근 다양한 사회과학 분야에서 '회복탄력성(Resilience)'에 대한 연구가 많이 이루어지고 있습니다. 우리나라에서도 김주환 교수의 책으로도 소개가 되었습니다만 회복탄력성은 다양한 역경과 시련, 실패에 대한 경험을 도약의 발판으로 삼아 더 높이 뛰어오르는 마음의 근력을 의미합니다. 골프공과 축구공, 농구공 등 물체마다 튀어 오르는 반발 탄성이 다르듯이 사람에 따라 역경을 이겨 내는 마음의 힘이 다릅니다. 회복탄력성이 높은 사람들은 역경으로 인해 밑바닥까지 떨어졌다가도 이를 극복하고 되튀어 오를 때 원래 있었던 위치보다 더 높은 곳까지 올라갈 수 있다고 합니다. 해내고야 말겠다는 강한 의지력을 소유한 사람들입니다. 또한 성취동기가 강한 사람들은 뭔가를 일구어 내고자 하는 집념이 강해 목표를 향한 끈기와 열정이 있고 실패했을 땐 이를 이겨 내는 힘이 강합니다.

목표 설정

성취동기가 높은 사람들은 목적이 수립되면 목적 달성을 위한 목표를 구체화하는 역량이 탁월합니다.

타이거 우즈는 화려한 아마추어 시절을 뒤로하고 20세의 나이에 프로에 데뷔합니다. 당시 최고의 선수인 커티스 스트레인지(Curtis Strange)와 인터뷰하는 장면은 매우 유명합니다. 프로 데뷔 첫 대회에서 우승하겠다고 하는 우즈에게 커티스는 어이가 없다는 표정으로 헛웃음을 보입니다. "우승이요? 저한테는 거만하게(경솔하게) 들리는데요. 특히 여기에서 오랫동안 플레이를 한 선수들한테 말하면 더 그럴 것이고요." 이에 우즈는 "이해하고 있어요. 하지만 저는 대회에 나가서 우승하지 않을 거면 왜 대회에 출전하는지 스스로에게 물어요. 출전할 이유가 없잖아요. 저는 평생 그런 태도를 가졌고 앞으로도 그런 태도를 유지할 거예요." 이에 커티스는 기가 막힌다는 듯 쓴 웃음을 지으며 "배우게 될 거예요. 미안해요. 이 말은 해야만 했어요."라고 대답했습니다. '필드의 신사' 커티스는 곧 프로 초년생과의 대화를 후회하게 됩니다. 우즈는 PGA 82회 우승, 메이저 타이틀 15승으로 골프 역사상 최고의 선수로 거듭나게 됩니다.

역사 이래로 최고의 운동선수 하면 누가 떠오르시는가요? 최고의 운동선수라고 하면 최고의 연봉을 받는 선수가 아닐까 합니다만 이는 일본 출신의 미국 프로야구 선수인 오타니 쇼헤이 선수입니다. 그가 2024년 미국 LA다저스로 이적하면서 맺은 계약의 내용은 10

년 동안 무려 7억 달러를 받는다는 조건이었습니다. 우리나라 돈으로 환산하면 9,240억 원인데 이는 스포츠 역사를 다시 쓴 어마어마한 금액입니다.

오타니는 투수와 타자를 병행하는 전 세계에 유일한 야구선수입니다. 물론 아마추어 경기에서는 가끔 볼 수 있지만 전문적인 역량을 요구하는 프로의 세계에서는 꿈꿀 수 없는 일인데 그러면서도 그는 2022년 15승 30홈런, 2023년에는 10승 44홈런을 친, 만화의 주인공으로 나와도 뻥이 심하다는 말을 들을 정도의 실력을 발휘했습니다.

오타니 쇼헤이는 고등학교 시절 최고의 선수가 되기 위해 '만다라트' 기법을 활용하여 목표를 수립한 것으로 유명합니다. 그는 고등학교를 졸업하면 일본의 8개 구단으로부터 드래프트 1순위를 받는 것으로 목표를 수립했습니다. 그리고 그 목표를 달성하기 위해 구위, 스피드 160km, 변화구, 제구, 몸만들기, 멘탈, 인간성, 행운이라는 8개의 하위목표를 수립하였습니다. 고등학생이 스스로 환경 상황과 본인의 강약점을 분석하여 이러한 목표를 수립했다는 것, 여기에 인간성, 행운이라는 요소까지 넣었다는 것이 그저 놀라울 따름입니다.

그리고 그의 만다라트 기법은 8개의 각 하위목표에 또 8개의 하위목표를 두는 방식으로 완성됩니다. 그래서 하위목표는 총 64개로 구성되었습니다.

미국 하버드 대학이 1979년에 하버드 경영대학원 졸업생들을 상대로 한 설문조사도 이와 비슷한 결과를 보여 줍니다. 하버드는 세 가지 질문을 졸업생들에게 던졌는데 다음과 같은 것이었습니다.

1. 장래에 대한 명확한 목표를 설정했는가?
2. 그렇다면 그 목표를 기록해 두었는가?
3. 그 목표를 달성하기 위한 구체적인 행동 계획이 있는가?

특별한 목표가 없다는 A그룹은 84%, 목표는 있지만 그것을 종이에 적어 두지는 않았다는 B그룹은 13%, 목표를 구체적으로 설정하고 기록해 두었다는 C그룹은 3%에 불과했습니다. 하버드의 연구진들은 10년 후인 1989년, 그 졸업생들을 추적해 어떻게 살고 있는지 확인해 본 결과, B그룹이 A그룹에 비해 소득이 평균 2배 이상 높았고, C그룹은 B그룹에 비해 소득이 10배 이상 높았습니다. 목표가 있고 구체적인 실행 계획이 있는 상위 C그룹과 목표가 없는 하위 A그룹의 소득 차이는 20배였습니다. A그룹의 소득이 연 1억이었다면 C그룹의 소득은 20억이었다는 결론이 됩니다. 실로 놀랍지 않나요?[15]

우리들의 주변에는 본인의 목표가 무엇인지 잘 모르는 사람들이 있습니다. 특히 젊은 친구들은 본인이 원하는 삶이 무엇인지 모르고 방황하는 경우가 많은데 신입사원 면접 시에 그런 모습을 자주 보게

---

15) 황석연, "성공하고 싶다면 명문화된 목표를 가져라." *한국독서교육신문*, 2013년 8월 28일 참고.

됩니다. 본인이 그리는 큰 그림 즉, 비전이나 목표를 달성하기 위해 회사나 기관을 지원하는 게 아닌 당장의 취업을 위해 지원하는 친구들입니다. 저는 지원자들에게 "귀하께서 지원하신 이 회사에 취업을 하신다면 10년 후 어떤 모습이 되어 있을 것 같습니까?" "입사 이후의 자기계발 목표를 말씀하여 주십시오."라는 질문을 건네는데, 이런 기본적인 질문에도 당황해하며 머뭇거리는 친구들이 많습니다. 이들은 인생이라는 큰 그림에서 비전 달성의 과정 중의 하나의 목표로 직장에 취업하는 것이 아니고, 당장 직장이 필요해 들어오는 친구들입니다.

즉, 취업 자체가 목표인 것입니다. 운 좋게 회사에 취업을 하더라도 이런 친구들은 거의 회사를 일찍 그만둡니다. 그리고 다른 회사를 전전하게 되는데 이는 뽑아 준 회사나 개인 모두에게 큰 손해입니다. 이런 경우는 대학 입시의 과정에서도 많이 볼 수 있지요. 학교를 선택할 것이냐? 전공을 선택할 것이냐?

삶의 목적과 목표가 있다는 것은 성공을 위해 매우 중요한 요소입니다. 성취동기가 높은 사람들은 본능적으로 높은 기준을 설정하고 이를 달성하려는 욕구를 보입니다.

- 성취 욕구가 높은 사람은 목표를 정하고 이를 달성하는 데 최선을 다함
- 이들은 타인에 비해 월등한 성과를 냄으로써 자신의 존재 의미를 확인하고자 함

- 지나치게 가능성이 낮은 업무나 아주 쉽게 달성할 수 있는 목표에는 거의 관심을 가지 않음
- 능력과 운이 1:1로 작용할 수 있는 일에 참여할 때 강한 동기부여가 되어 자신의 능력을 드러내고자 함
- 스스로의 능력을 자신이 확인할 수 있는 상황을 즐김

성취동기가 약한 사람이 치열한 영업 직군에 몸을 담게 되면 어떤 상황이 벌어질까요? 결론적으로 본인과 회사에 좋지 않은 결과로 이어집니다.

영업을 하기 위해서는 가망 고객을 선정하고(목표 설정) 고객들의 정보를 모아 고객의 요구를 파악하며 이를 기반으로 치밀하게 접근하여 '을'의 자세로 '갑'인 고객에게 상품의 정보를 탁월하게 설명하고 설득해야 합니다.(고객 및 상품 지식) 또한 고객과의 감정적인 관계를 잘 유지하기 위해 항상 겸양의 모습을 유지해야 합니다.(고객 관계) 여기에 추가로 가장 중요한 것은 목표를 달성하겠다는 열정과 끈기(성취동기)가 있어야 합니다. 영업 직군은 기본적으로 실적을 일구어 내겠다는 의지가 없어서는 안 되는 직무이며 성취동기가 없는 사람들은 처음에는 먹고살기 위해 발버둥을 칩니다만 결국은 본능적인 동기가 받쳐 주지 못해 번아웃 상태로 빠지게 됩니다.

성취동기가 높은 사람들은 고성과를 달성함으로써 자신을 드러내고 이를 즐깁니다. 그러면서 좀 더 큰 성과를 향해 도전합니다. 성취

동기는 지능 등의 다른 역량들보다 사람을 성공으로 이끄는 최고의 요인임은 분명합니다.

3

권력, 리더십

　미국의 제45대 대통령을 선출하기 위해 2016년 11월 8일 실시된 58번째 대통령 선거에서 공화당 후보인 도널드 트럼프(Donald Trump)가 선거인단 과반수를 확보하면서 힐러리 클린턴(Hillary Clinton)을 이기고 미국 대통령에 당선되었습니다.
　'정치적 아웃사이더'인 공화당 트럼프 후보는 선거 막판까지 클린턴 후보와 치열하게 경쟁하였으며, 대다수의 언론과 전문가가 클린턴 후보가 승리할 것이라고 예상하였지만 이를 뒤집고 세계 최고 권력자로 자리매김하였습니다.

　트럼프의 권력에 대한 욕구는 실로 어마어마합니다. 화려한 이력의 사업가인 그는 더 큰 권력을 쟁취하려고 정치인으로 변신하였습니다. 그는 살아오면서 끝없이 타인들에게 영향력을 행사하였고 이를 통해 추종을 받고, 그들의 보스로 군림하였습니다. 그의 권력에 대한 욕구는 역사상 최고 수준입니다.

트럼프는 지나칠 정도로 자기주장이 확실하고 자존심이 강한 독불장군입니다. 항상 자신이 최고라고 생각하며, 감히 그 누구도 자신보다 앞설 수 없고 또한 그렇게 되어서도 안 된다는 성향이 강합니다. 이 때문에 자신이 받아야 하는 칭찬을 타인이 받으면 그 꼴을 못 봅니다. 그래서 상대의 약점을 집요하게 파고들어 물귀신 작전을 쓰는가 하면, 자신을 비판하려는 자가 있으면 그가 누구든지 가리지 않고 원색적인 비난을 아끼지 않으며 수단과 방법을 가리지 않고 철저하게 밟아 버리려는 냉혈한입니다.

트럼프와 조 바이든(Joe Biden)이 격돌한 제46대 미국 대통령 선거에서 트럼프가 "승리를 도난당했다."라며 결과에 승복하지 않자 그의 지지자들은 국회 양원 합동회의에서 실시된 선거인단 개표를 방해하고 조 바이든 대통령 당선인의 대선 승리 공식화를 막기 위해 국회의사당을 습격했습니다. 시위대들은 경찰 경계선을 뚫은 후 몇 시간 동안 건물의 일부를 점령 및 파괴하고 약탈하였으며 이 공격으로 미국 국회의사당은 폐쇄되었고 5명의 사망자가 발생하였습니다. 트럼프는 이 시위대에 '위대한 애국자'라고 칭하였고 그 이후에도 부정 선거라며 선거 결과를 수용하지 않았습니다. 이러한 선거 결과 불복으로 '우아한 승복'이라는 미국 민주주의의 전통은 깨지고 말았습니다.

트럼프는 본인이 졌다는 사실을 승복하기 힘들었을 것입니다. 왜냐하면 본인은 누구도 넘볼 수 없는 '최고의 위치'에 항상 있어야 하기 때문입니다.

트럼프는 어린 시절부터 극단적으로 자신감이 넘쳤으며 그 누구도 존경하거나 롤모델로 삼지 않았다고 합니다. 그는 본인의 영향력을 극대화하기 위해 모든 사업에 자신의 이름을 사용하였고, 어떤 상황에서도 본인은 항상 주인공이어야 하고 각광받아야 하며 타인들은 본인을 존경하고 추종해야 했습니다.

트럼프의 할아버지 프레더릭 트럼프(Frederick Trump, 프리드리히 트룸프)는 독일 출신으로 16세 때인 1885년 미국으로 이민해 오면서 트럼프 일가를 일구었고 도널드 트럼프는 1946년에 뉴욕주 뉴욕시 퀸스에서 태어났습니다.

트럼프의 부모는 트럼프가 13살 때 교사를 폭행하는 문제를 일으키자 규율이 엄격한 뉴욕군사학교(New York Military Academy)로 보냈고, 트럼프는 뉴욕군사학교를 졸업한 뒤, 뉴욕의 포덤 대학을 거쳐 펜실베이니아 대학 와튼 스쿨로 편입하여 경제학 학사 학위를 받았습니다. 베트남 전쟁 당시에는 1964년부터 5차례 학업과 질병으로 징병을 유예 받았고 최종적으로 징집되지 않았습니다.

트럼프가 세계적인 명성을 지닌 와튼 스쿨을 졸업하고 사업에 대한 감각이 있는 것을 보면 그의 지능 수준이 매우 뛰어남을 알 수 있습니다.

트럼프는 아버지로부터 물려받은 부동산 사업으로 매우 성공을 하였습니다. 트럼프는 사명을 트럼프 기업(The Trump

Organization)으로 변경하고 자신의 이름을 딴 호텔과 골프장을 설립·인수하였습니다. 맨해튼 중심가에 호화로운 고층 빌딩들을 짓기 시작했고 1983년 뉴욕 맨해튼에 58층짜리 '트럼프 타워'를 지어 이름을 알렸으며 1997년 9월 대우건설과 손잡고 한국에서도 '트럼프 월드'라는 아파트를 지어 분양하기도 했습니다. 미국 외에도 두바이, 이스탄불, 마닐라, 뭄바이 및 인도네시아에서도 트럼프 기업 명의의 건물이 있습니다.

또한 그는 방송인으로 NBC 방송의 TV쇼 〈어프렌티스(The Apprentice)〉를 진행했습니다. 어프렌티스를 진행하며 그가 보인 "너는 해고야!"를 의미하는 "유 아 파이어(You're Fired)!"는 냉철한 권력자의 모습을 여실히 보여 줍니다. 그의 손가락으로 상대를 겨누며 외치는 한마디에 한 사람은 직장을 잃게 됩니다만 그는 '천상천하 유아독존(天上天下唯我獨尊)'의 절대 권력을 보여 주며 큰 만족감을 느끼게 됩니다. 트럼프는 본인을 과시하기 위해 회사명에 본인의 이름을 삽입하였고 본인 소유의 빌딩에도 본인의 이름을 사용하였습니다. 또한 그가 보인 독특한 헤어스타일은 본인만이 가지는 '유일무이(唯一無二)'의 상징이었고 국내 정치인 중에는 허경영 씨가 본인만의 고유한, 왕관 같은 헤어스타일을 가지고 있습니다.

트럼프는 본인의 골프장에 골프 대회를 유치하고, 복싱과 프로레슬링 경기를 주최하기도 하였으며, 미국 풋볼 리그(USFL)의 팀을 인수하고, 사이클 대회를 운영하는 등 많은 스포츠 산업에도 참여하였습니다. 그는 또 해마다 미스 유니버스, 미스 USA, 미스 틴 USA 등의 미인 대회를 개최하기도 하였습니다.

그는 전설적인 복싱선수 마이크 타이슨(Michael Gerard Tyson)의 재정고문으로 활동하였고 프로레슬러 등과의 사업을 통해 막강한 힘을 지닌 사람들을 리드하고 지배하는 '전지전능(全知全能)'의 모습을 보여 주었습니다. 또한 미인 대회를 개최하여 모든 이들이 부러워하는 미인들에게 둘러싸이고 추앙받는 '신과 같은' 모습을 연출하였습니다.

이러한 그의 행동은 무엇에 기인하는 것일까요? 본인도 주체하지 못하는 끊임없는 '권력에 대한 욕구'는 어디에서 나오는 것인가요?

실은 트럼프 본인도 잘 모를 것입니다. 또한 그렇게 사는 것에 대해 옳고 그름을 판단하지 못할 수 있습니다. 이러한 행동은 본인도 모르는 본인의 무의식의 심상에서 그렇게 하라고 끊임없이 부추기는 것입니다. 이것을 권력에 대한 욕구, 권력동기(Need for Power)라고 합니다.

영향력

인간은 기본적으로 '자기 잘난 맛'으로 산다고 말씀드린 바가 있습니다. 권력동기가 강한 사람들은 타인들에게 영향력을 행사하면서 그들보다 위에 있고 지배한다는 의식에 본인의 잘난 맛을 느낍니다. 타인을 지배하지 못하면 본인은 실패감을 느끼고 이런 상황이 지속

되면 번아웃의 상태로 빠지게 됩니다.

　여러분들은 주변에서 존재감을 드러내고 싶어 하는 사람들을 쉽게 봅니다. 그들은 가만있어도 될 텐데 본인을 뽐내고 싶어서 안달을 부립니다.
　이들은 비싼 옷을 사 입거나 비싼 차를 몰면서 본인의 우월함을 과시하는데 이러한 의식의 밑바탕은 부러워하는 타인들을 보면서 본인이 위에 있다는 것을 확인하고 싶은 욕구인 것입니다.

　또한 타인들의 일임에도 불구하고 사사건건 개입하여 '콩 나와라 팥 나와라' 영향력을 행사하며 본인의 존재감을 과시하는 사람들도 있습니다. 이들은 타인들에 대해 깊은 관심을 가지고 있는 척하지만 알고 보면 그들은 상황에 개입하지 않아도 되는 위치에 있는 경우가 많으며 자칫 더 큰 분란을 일으키는 장본인이 되기도 하는데 이는 본인의 영향력을 행사하며 상황의 중심이 되고 싶은 것입니다.

　타인들에게 본인의 영향력을 행사하고 싶어 식사 접대를 하거나 금전적인 도움을 주는 친구들도 있습니다. 그러면서 본인의 관심사로 자연스럽게 유도하며 본인을 따르게 합니다. 또 다른 유형으로는 상대방에 호의를 베푸는 것이 아닌 폭력을 행사하는 경우입니다. 타인들이 본인의 말을 듣지 않으면 화를 내며 물리적인 행사를 마다하지 않는 사람들이 있는데 특히 어린 시절 학교에서 '주먹 짱'이라 불리던, 우르르 몰려다니며 우월감을 과시하던 친구들이 있습니다. 본인이 잘났다는 것을 보여 주고 싶은 것입니다.

 이렇듯 어렸을 적에 보여 준 타인에 대한 관심과 지배 욕구는 성인이 되어서도 이어집니다. 그래서 그들은 타인들 보다 우월하고 싶어 경찰에 지망하거나 심지어는 폭력배의 길을 걷기도 합니다. 폭력배들이 몸에 문신을 하는 경우들이 많이 있는데 이는 문신이라는 것을 통해 그들의 위력을 과시하기 위함입니다. 타인들보다 위에 있고 싶은 것이지요.

 우리는 정치인들과 같이 살아가고 있고 선거철이 되면 본인 지역구의 유권자들을 만나기 위해 동네방네 돌아다니는 정치인들의 모습을 보게 됩니다.
 혹 여러분들은 정치에 뜻이 있으신지요? 솔직히 저는 권유를 받은 바도 없지만 권유를 받는다 하더라도 "고생하면서 뭐 하는 거지?"라는 생각이 들 것 같습니다. 대통령을 비롯한 국회의원 등의 정치인들은 어떤 욕구를 지니고 있는 것일까요?

 그들은 유권자들에게 영향력을 행사하여 추앙을 받고 그들의 대표가 되고 싶은 것입니다. 기본적으로 유권자들보다 위에 있고 싶은 욕구인 것이지요. 그래서 반대편에게 욕먹어 가며 하는 것입니다. 그런 본능적 욕구가 없다면 정치를 할 수 없습니다.

권력 동기

조선시대의 왕을 하라고 하면 모두가 하고 싶을까요? 겉으로 보기에는 모든 이들의 위에 군림하여 만인지상(萬人之上)의 위치에 있는 왕들의 일상은 매력적일 것 같아 보이지만 실상은 어떨까요?

왕들의 하루는 무척 바빴습니다. 보통 아침 5시경 하루를 시작하게 되는데 첫 번째 수행 업무는 해가 뜨기 전에 일어나 웃어른에 대한 문안인사로 시작합니다. 먼저 어머니와 할머니 격인 대비와 대왕대비에게 인사를 올리는 일입니다.

해가 뜰 무렵에 왕은 신료들과 학문 토론 겸 정치 토론인 경연(經筵)에 참석하고 그 이후 아침 식사를 하게 됩니다. 식사 후 조회를 참석하고 하루 내 많은 업무를 보다가 밤이 되면 다시 어른들에게 인사를 드리고 잠자리에 들게 되는데 보통 11시경에 업무를 마치게 됩니다. 그 이후에도 중요한 일이 있는데 후손들을 많이 낳는 것이 왕의 또 하나의 임무여서 밤에도 힘을 써야만 했습니다.

이처럼 왕이라는 자리는 무척 힘든 자리였습니다. 지속적으로 권력을 지향하는 동기가 없으면 수행하기 어렵습니다. 권력에 대한 욕구가 부족한 임금들은 신하들에게 의사 결정 권한을 넘기고, 신하들은 이러한 틈을 타 본인들의 권력을 넓히기 위해 당파 싸움을 벌이고 그러면서 왕의 권력은 신하들에게 넘어가게 됩니다. 조선시대에 왕이 돼서는 안 될 분들이 몇 명 있지요. 그들은 우유부단함의 극치를 보여 주는데 지도자로서의 깜냥이 안 되었던 것입니다.

사람은 살아가는 방법이 여러 가지 있습니다. '용 꼬리'를 지향하는 사람이 있고 '뱀 대가리'를 지향하는 사람들이 있는데 용 꼬리를 지향하는 사람들은 공무원이나 회사원으로 평생을 하는 사람들입니다. 물론 정년퇴직까지 가는 과정에 "집안의 장남으로서 꿈은 있었으나 동생들을 돌봐야 했다." "부모님이 편찮으셨다." 등의 사연은 있으리라 생각됩니다만 어찌 되었든 그들은 평생을 용의 조직 내에서 머물렀습니다. 그들의 삶을 폄하하는 것이 아니며, 그들도 소속된 조직 내에서 치열한 권력투쟁 끝에 살아남았을 것입니다. 정부에서 국장급으로, 공공기관에서 본부장급으로 퇴직하신 분, 삼성그룹 등 기업에서 임원으로 퇴직하신 분, 이들은 분명 엄청난 권력 지향이었습니다. 그랬기에 다른 분들과 경쟁을 통해 공무원으로서, 직장인으로서의 최고의 자리에 오를 수 있었습니다.

대부분의 직장인들은 승진을 원합니다. 승진을 한다는 것은 명예와 급여의 차이가 상당하기 때문에도 있지만 부하들 위에 군림하는 권력이라는 달콤함이 있기 때문입니다. 그래서 직장 내에서 승진 시험을 실시하면 열심히 공부하는 이유입니다. 삼성의 임원으로 승진을 하려면 말 그대로 '피 튀기는 경쟁'을 해야 하는데 그중 권력욕구가 아주 강한 사람들은 일을 저지릅니다. 이른바 퇴직을 감행하는 것입니다. "용 꼬리가 되기보다는 뱀 대가리가 되고 싶다."입니다.

반면, 권력이 쥐어지는 높은 자리를 별로 좋아하지 않는 사람들도 많습니다. 저는 역량 개발 코칭을 하면서 놀란 부분이 정부 고위 관료로의 승진을 원하지 않는 이들이 상당하다는 것입니다. 대다수 승진 대상자들은 본인들이 판단하여 코칭을 신청합니다만 간혹 어떤 분들은 그들의 부인이 코칭 과정을 신청하는 경우가 있습니다. 그래서 와이프가 보내서 왔다는 분들이 있는데, 이런 상황은 부인들의 권력욕구가 높은 경우입니다. 남편을 통해 본인의 욕구를 충족시키려 하는 것이지요. 이럴 때 참 난감합니다.

주변에 보면 안정적인 회사를 그만두고 창업을 하는 사람들이 있습니다. 창업을 하는 것을 성취에 대한 욕구와도 관련이 높습니다만 권력에 대한 욕구도 강해야만 가능한 것입니다.

성취와 권력

최근에 직장을 뛰쳐나와 성공한 기업가가 있어 소개하겠습니다.

요즘 골프 인구가 많이 늘었는데 골프 인구가 늘게 된 요인 중 하나가 스크린 골프장의 등장이라는 데에 이의를 제기하는 사람들은 없을 것입니다. 스크린 골프장 브랜드 중 '골프존'은 스크린 골프장의 선두주자로 김영찬 회장에 의해 설립된 회사입니다.

삼성전자 시스템사업부 부장으로 근무하였던 김영찬 회장은 '세상을 크게 흔들고 싶은 욕심과 열정'으로 1993년 47세의 나이에 퇴직하여 '영밴'이라는 부가통신 사업체를 설립하였고 2000년에 골프존을 설립하였습니다. 이후 골프존은 코스닥에 상장된 국내 굴지의 중

견기업으로 성장하였고 골프존 외에 다수의 골프장을 직접 운영하고 있으며 해외 사업도 적극적으로 추진 중에 있습니다.[16]

사실 47세의 나이에 퇴직을 하여 창업을 한다는 것은 결코 쉬운 일이 아닙니다. 일단 가정 상황이 그렇게 만들지 않습니다. 그 나이면 자녀들이 거의 학교에 다니고 있을 것이며 이때 직장에서 주는 학자금 지원은 피 같은 돈입니다. 또한 자녀들의 결혼 등으로 돈이 계속 들어가야 하는 상황에서의 퇴직은 주변의 반대가 만만치 않았으리라고 생각됩니다. 그렇기에 일반 회사의 50대 직장인들은 새 목숨으로 불안에 떨며 거의 오너의 수족으로 살아가게 됩니다.

남성들은 40~50대가 되면 남성호르몬의 분비가 적어집니다. 반면 여성들은 여성호르몬의 수치가 감소하죠. 그렇기에 나이가 들어가면서 남성은 여성화되고 여성은 남성화되며 남성들은 '새가슴'이 되어 간다는 것입니다. 그래서 대다수의 남성들이 마누라 품에 안기게 되는데 그 나이에 도전을 감행한 김영찬 회장은 신경학적으로도 대단하다고 볼 수 있습니다. 50세의 나이가 되면 남자들은 모험과 도전을 멀리하고 안정적인 것을 좋아하게 됩니다. 그렇기에 축구 등의 과격한 운동보다는 골프 등의 안전한 운동을 선호하게 되는 것이지요.

김영찬 회장은 삼성전자의 시스템사업부 부장으로 근무하면서 본인의 부하직원 수가 500명에 이르렀고 매출액도 1,500억 원에 이

---

16) 김충일, "[CEO 창업이야기] 김영찬 골프존 사장 ①" *매경이코노미*, 2010년 4월 7일 참고.

르렀다고 합니다. 그렇다면 삼성전자 내에서도 본인은 많은 권위를 누렸을 것 같은데 왜 그만두었는지 의아합니다. 당시 삼성의 기업문화는 매우 수직적이어서 부장이 손가락 까딱만 하면 일사분란하게 부하직원들이 움직이던 시절입니다. 그런 강력한 권력을 포기하기가 쉽지 않았을 것인데 내막에 임원 승진 탈락 등의 이유가 있는지는 모르겠습니다. 만약 승진이 좌절되어 퇴직한 것이라면 부장으로서 근무 당시의 강력한 권력의 맛이 많이 그리웠을 것이고, 스스로 퇴직을 하여 창업을 하였다면 정말 강력한 권력욕구와 성취동기의 소유자입니다.

어찌 되었든 김영찬 회장은 명예로운 삼성전자의 일원으로 남기보다는 본인이 소유한 본인만의 것을 만들어 대장을 하고 싶은 욕구가 강했던 것입니다.

권력에 대한 욕구가 강한 사람은 어느 곳에서나 욕구를 표출합니다. 대한민국 17대 대통령을 지낸 이명박 씨는 아시다시피 어려운 가정 상황으로 인해 포항에 위치한 동지상고 야간부를 졸업하였고 주변인들의 도움으로 고려대학교 경영학과를 입학하였습니다. 그렇게 어려운 상황이면 열심히 공부하여 돈을 버는 것이 일반적인데 이명박 대통령은 대학 3학년에 고려대학교 상과대학 학생회장에 출마하여 선출되었고 총학생회장 직무대행으로 한일 수교에 반대하는 6·3 항쟁에 참여하여 6개월간의 실형을 살고 집행유예 형을 받기도 하였습니다. 박정희 독재 시절에 정부에 대항하는 사람들은 취업하기가 매우 힘든 상황이었으니 어려운 가정 환경에도 취업을 포기한 것 아닌가? 하는 생각이 듭니다만 어찌 되었건 이명박 씨는 어렸을 적부터 앞서서 나아가는 대장을 무척 하고 싶었던 것 같습니다.

그 후 대학을 졸업하고 현대그룹에 입사 지원을 하였지만 학생 운동으로 전과가 있다는 이유로 입사가 취소되었고 이에 박정희 대통령에 직접 편지를 써 입사 취소가 부당하다는 것을 호소하여 현대그룹에 입사하게 됩니다. 입사 이후 많은 성과를 올려 정주영 회장의 총애를 받으며 37살에 현대건설의 사장에 오르게 되었으며 당시 이명박 씨의 이야기는 '샐러리맨의 신화'라고 하여 많은 국민들과 직장인들에게 감동을 주는 사연이 되었습니다.

이후 정계에 입문한 그는 정주영 회장을 따르지 않고 김영삼 전 대통령 진영으로 합류하여 본격적인 정치인으로 변신합니다. 당시 대다수의 사람들은 이명박 씨가 정주영 회장의 곁을 떠나지 않을 것으로 판단했으나 그는 본인을 키워 준 정 회장과 정치적으로 대척점을 이루는 자리로 옮겨 와 경쟁하는 상황이 됩니다. 이후 32대 서울시장에 출마하여 선출되었고, 권력의 정점인 대한민국 대통령의 자리에도 오르게 됩니다. 이명박 씨의 권력에 대한 욕구는 그야말로 하늘을 찌릅니다.

리더십

이 외에 역사를 만든 리더들인 알렉산더 대왕, 율리우스 카이사르(시저), 칭기즈 칸, 나폴레옹 등과 최근의 국가를 이끌고 기업을 일구는 지도자(指導者)들의 근본적인 힘은 권력을 희구하는 동기로부터 출발합니다.

리더십이란 기본적으로 권력에 대한 동기가 없으면 발휘하기 힘듭니다.

저는 여러 기관의 면접관으로 활동하면서 대상자들에게 "귀하는 리더의 역할이 편안한가요? 아니면 리더를 도와주는 역할인 팔로워(Follower)가 편안한가요?"라고 물어보면 반반 정도의 비율이 나오는데 사람들은 권력에 대한 욕구가 강한 사람들이 있고 그렇지 않은 사람들이 있음을 볼 수 있습니다.

권력욕구가 약한 사람이 리더의 위치에 있게 되면 심각한 문제가 발생합니다. 왜냐하면 그 사람은 본능적으로 그 자리가 불편하기 때문입니다. 그래서 리더십의 많은 이론 중에서 "리더는 태어난다."라고 말하는 그레이트 맨 이론이 상당부분 옳다고 저는 생각합니다. 리더십이란 기본적으로 무의식적으로 권력에 대한 욕구가 있어야 하는데 본능적인 욕구를 개발하기는 매우 힘들기 때문입니다.

사람이 좋다는 이유로 지도자가 되는 것은 매우 위험한 발상입니다. 타인에 대한 배려와 타인을 지배하는 것은 다르기 때문입니다. 사람이 좋은 리더는 여러 사람들의 이야기를 많이 들어 주다 보니 '배가 산으로 가는 경우'가 많은데 결단력이 부족한 리더가 되어 버리는 것입니다. 이런 사람들은 그냥 리더의 조언자로 머무는 것이 좋습니다.

우리는 자질이 안 되는 지도자가 지도자의 위치에 올라 국가와 기업을 말아먹는 경우를 많이 봐 왔습니다.

"한국은 잘살고 필리핀은 못사는데 그 이유가 무엇인가?"에 대해 필리핀 친구들과 대화를 나눈 적이 있습니다. 필리핀은 1946년 미국으로부터 독립하여 한국전쟁에도 파병하여 우리를 도와주었고 1950년대 아시아에서 일본 다음으로 잘사는 나라였습니다. 그런 필리핀의 2020년 1인당 GDP는 3천5백 달러 정도입니다. 우리나라의 약 10분의 1 수준인데 왜 역전이 되었을까요?

결론은 '리더십'으로, 그 나라의 지도자의 역량에 따라 국가의 경쟁력은 달라진다는 것입니다.

필리핀은 1950년대 중반 막사이사이(Magsaysay) 대통령이 집권할 당시 고도성장을 구가했으나 막사이사이 대통령이 비행기 사고로 사망한 후 국가의 모습은 바뀝니다. 1965년부터 정권을 잡아 1986년 '피플 파워'로 쫓겨나기까지 20여 년 장기 집권한 마르코스(Ferdinand Emmanuel Edralin Marcos) 대통령은 통칭 나라를 말아먹었습니다.

마르코스는 대통령으로서 접근부터가 달랐습니다. 국가를 부흥하기 위한 지도자가 아니었고 그의 부의 축재하기 위한 수단으로 대통령에 출마한 것이었습니다. 그도 국가 경제 부흥 정책을 썼습니다만 그와 그의 가문 사람들을 위한 정책이었고 베트남 전쟁 당시 파병의 대가로 받은 돈을 스위스 비밀 계좌로 빼돌렸습니다. 또한 부를 쌓기 위해 무자비하게 많은 사람을 고문하여 죽였고 이로 인해 국제 투명성 기구에 당당하게 부패독재자 서열 2위에 올라가 있습니다.

그는 엄밀히 말하면 권력에 대한 욕구가 강한 사람이 아니었습니다. 기본적으로 권력욕구는 타인을 지배하고자 하는 욕구입니다. 하지만 그는 개인적인 치부를 쌓는 데 본인의 지배력을 활용한 것입니다.
당시의 상황이 우리와 다르다는 점은 있지만 어찌 되었건 지도자 한 명이 나라를 세계의 빈국으로 떨어뜨려 버렸습니다.

1960년대 당시 한국에는 마르코스와 1917년생 동갑인 박정희 대통령이 있었습니다. 그는 군부를 등에 업고 쿠데타를 성공하여 장기 집권한 독재자입니다. 그도 마르코스와 마찬가지로 독재자입니다만 다른 면이 있었습니다. 1966년 박정희 대통령은 필리핀을 방문하였던 적이 있는데 보좌를 위해 동반했던 당시 외무부장관 이동원은 공항에서 만난 박정희와 마르코스 두 사람이 까무잡잡한 얼굴, 날카로운 눈매에 작은 키, 아담한 체구, 카랑카랑한 목소리, 게다가 당당하게 걷는 걸음걸이까지 너무나 닮아 깜짝 놀랐다고 합니다.

두 지도자는 외모는 비슷했지만 내적인 특징 즉, 리더십은 달랐습니다. 1966년에 한국의 1인당 GNP가 130.8달러였고, 필리핀은 269달러로 동남아시아에서 선두그룹에 들어 있었습니다. 1966년에는 우리나라의 두 배 수준이었으나 두 사람이 지도자로 있던 20여 년 동안 한국은 50배의 경쟁 성장을 이룬 반면 필리핀은 3배의 경쟁 성장에 머물렀습니다. 마르코스 대통령이 집권에서 물러난 1986년 다음 해인 1987년 당시 한국 경제 규모는 세계 18위 GDP 1,400억 달러인 반면 필리핀은 세계 45위 GDP 330억 달러에 불과했습니다.

키가 작은 지도자 박정희에 대한 평가는 많은 사람의 인권을 수탈한 독재자의 모습이 있습니다만 우리나라의 현재를 있게 하기 위해 국가 부흥을 고민했다는 것도 인정받고 있습니다.

권력동기는 성공한 지도자들이 지녔던 무의식의 심상으로 리더로, 더 큰 성공을 원한다면 반드시 지녀야 하는 핵심역량입니다.

4

관계, 공감

　연기자 신현준 씨는 TV 방송에 출연하여 "내가 아버지를 떠나보냈을 때도 정준호가 마지막까지 내 곁을 지켜 줬다."라면서 "새벽에 손님들 다 보내고 왔는데 정준호가 혼자서 우리 아버지에게 뭔가를 얘기하고 있었다. 정말 고마웠다. 고맙다는 말도 못 할 정도로 고마웠다."라면서 진심을 고백한 것을 본 적이 있습니다.
　신현준 씨는 동료 연기자인 정준호 씨에 대해 "단순한 친구가 아니라 가족, 형제 느낌"이라고 말을 하면서 가족 간에도 친밀한 관계를 유지하고 있다고 말하였습니다.
　신현준 씨가 말한 "고맙다는 말을 못 할 정도로 고마웠다."라는 말은 진심이 느껴지는, 가슴을 찡하게 하는 대목입니다.

　정준호 씨는 우리나라에서 알아주는 인맥왕입니다. 그의 휴대폰에는 3,500명의 전화번호가 저장되어 있고, 지인들의 애경사를 세세하게 다 챙기며, 태국의 탁신(Thaksin Shinawatra) 전 총리의 딸 결혼식에도 참석할 만큼 글로벌 인맥도 갖고 있다고 합니다. 아나운서 출신의 부인인 이하정 씨와 관련해서도 "결혼 전에 이하정과 만난 횟수는 10번이고 연애는 3개월 했다."라며 "그래서 짧은 시간에 내 인맥 500명 정도를 만났다. 그렇게 소개를 시켜 주다 보니까 이하정 씨가 병원에 입원하게 됐다."라고 말하는 장면을 보면서 대단하다는 생각밖에 없었습니다. 아무리 '내가 좋아하는 분들에게 내 색시를 소개시켜 주고 싶고, 자랑하고 싶어서 그랬다'고 하더라도 이는 오지랖을 넘어 타고난 뭔가가 없이는 불가능한 행동이었습니다.[17]

"사람이 재산이다."라고 말하는 그의 인간관계 능력은 탁월합니다. 그러다 보니 본인이 어려웠을 때 지인들의 도움을 받는 것도 물론입니다.

> 그는 매년 5월 자신의 고향인 충남 예산에서 '예고인의 축제'를 열어 고향 사람들을 즐겁게 한다. 이 축제는 이효리, 유재석, 강호동 등 내로라하는 스타들이 출연료도 안 받고 참석한 것으로 유명하다. 또 매년 10월에는 한국의 유명 연예인들을 하와이로 데리고 가 디너쇼를 펼치고 수익금을 기부한다. 뿐만 아니라 정준호가 '따뜻한 사람들의 모임'을 주도하거나 '사랑의 밥차'를 운용하는 것은 유명하다.[18]

---

17) 여경진, "'두드림' 정준호 특강, "인맥 많아 아내 이하정 쓰러지기까지"" *티브이데일리*, 2012년 11월 24일 참고.
18) 고재완, "배우 정준호, 그가 승승장구하는 비밀 몇가지(인터뷰) *아시아경제*, 2009년 1월 22일.

정준호 씨는 그와 관계 맺은 사람들과 사업적으로 뭔가를 주고받을 수 있습니다. 실제로 그는 많은 인간관계가 기반이 되어 흥행에 실패한 영화가 있음에도 불구하고 다음 작품으로 바로 캐스팅되곤 하였습니다. 하지만 사업의 성공이 그가 다른 사람들과 관계를 잘 만들어 가는 목적이라고는 생각되지 않습니다. 그랬다면 사업의 시작과 더불어 관계가 시작되었겠지만, 그는 그렇지 않았습니다. 학창시절에도 친구가 많았고 사업과 관련되지 않은 사람들과도 관계를 잘 맺어 가고 있습니다. 또한 막강한 인맥을 기반으로 정치권을 기웃거리지도 않았습니다. 만약 그랬다면 그는 권력욕구가 강한 사람이 되며 권력을 채우기 위한 수단으로 사람들과 친해지게 되는 것입니다. 하지만 그는 많은 사람들과 관계를 맺은 동기가 그들에게 군림하고자 하는 권력욕도 아니고 사업 성공을 위한 성취 욕구도 아님은 분명합니다.

정준호 씨는 순수하게 사람과 사람으로 만나고 그들에게 위안과 행복을 주며 친밀하게 지내고 싶은 마음이 큰 것으로 생각되는데, 이런 내적 특성을 '친화동기(Need for Affiliation)'라도 합니다. 천성으로 타고난 것이지요.

관계, 성취, 권력

앞서 말씀드린 성취동기가 높은 사람은 성취를 위해 인간관계 개선에 나섭니다. 사업을 하기 위해선 '휴먼 네트워크'는 필수인 것입니다. 이른바 '인맥'을 말하는 것으로, 사업을 하는 사람들은 동창회에 나가고 대학교에서 진행하는 최고경영자 과정 등을 수강합니다. 그러면서 인맥을 넓혀 나가죠. 또한 사업 성공을 위해 회사의 구성원들과 좋은 관계를 유지하는 것도 필수인데 그래서 마음에 들지 않을지라도 본인을 낮추며 관계 개선을 하게 됩니다. 인간관계를 성공의 수단으로 사용하는 것입니다.

또한 권력을 취하거나 유지하기 위해 인간관계는 필수입니다. 주변에 사람이 없어 유권자들로부터 표를 얻을 수도 없으면 정치를 할 수 없죠. 그래서 평소에 목에 힘주며 쌀쌀맞던 사람이 구의원에 출마하면서 갑작스레 변합니다. 구의원이라는 권력을 취하기 위한 수단으로 인간관계를 개선하려는 모습입니다. 지지받으려면 사람들과 좋은 관계는 필수이기에 권력동기를 채우기 위한 수단으로 관계력을 발휘하는 것을 말합니다.

높은 성취나 권력을 쟁취하기 위해서 타인들과의 관계는 매우 중요합니다만 특히 권력을 유지하기 위해 관계력은 필수인데 저는 가끔 이런 말을 합니다. "공무원 세계에서 똑똑하면 과장까지는 달 수 있지만 국장은 달기 힘들다. 공기업에서 처장까지 갈 수 있지만 상임이사는 달기 힘들다." 민간 기업도 마찬가지입니다. 관계력이 없이는 높은 자리에 오를 수 없습니다. 즉, 지도자가 되기 위해서 권력욕구만 가지고 안 된다는 것입니다. 인간관계는 필수입니다. 하지만 성취는 조금 다릅니다. 개인적인 성취를 추구하는 사람들은 관계력이 떨어지는 외골수들이 있습니다.

발명왕 에디슨은 성취를 위해 혼자서 헤쳐 나가는 인물이었습니다. 에디슨은 첫 번째 부인 메리 스틸웰이 죽었을 때 일이 바쁘다며 장례식도 가지 않았다고 하며, 그 후 한동안 적적하게 지내다 두 번째 부인이 된 미나 밀러에게 모스 부호로 프러포즈했다는 이야기가 전해집니다. 그의 셋째 아들 찰스 에디슨은 정계로 진출해 훗날 뉴저지주의 주지사가 되었고, 자신의 아버지와 가장 친밀하다고 자부하던 그였지만, 그마저도 아버지 얼굴을 평생 봤던 시간이 채 1주일이 되지 않는다고 털어놓았습니다. 가족들과 이 정도였다면 타인들과의 관계는 어땠을까요? 말 그대로 '꽝!'이었습니다. 그럼에도 그는 인류사의 위인으로 자리매김하고 있습니다.

이런 예는 외골수처럼 연구 개발에 몰두하는 사람들에게 가끔 있습니다. 하지만 사업적인 성취를 바란다면 인간관계는 필수입니다.

역사 속의 수많은 지도자들도 관계력이 대단히 높았습니다. 하지만 지도자들의 관계는 두 가지 경우를 말할 수 있는데 하나는 선천적으로 관계동기가 높은 사례와 또 하나 권력동기가 높아 권력을 쟁취하기 위해 관계력을 개발하는 경우입니다.

1997년 미국의 일간지 《뉴욕 타임스》는 세계를 움직인 가장 역사적인 인물 1위로 칭기즈 칸(成吉思汗)을 선정했습니다. 그는 강력한 군대를 이끌고 태평양에서 동유럽, 시베리아에서 페르시아만에 이르는 세계 역사상 가장 넓은 영토의 제국을 세운 위인입니다.

그가 아홉 살이 되었을 무렵 아버지가 다른 부족에게 독살되면서 고난이 시작되었습니다. 그러나 그는 '불굴의 의지와 용기'로 표현되는 높은 회복탄력성을 기반으로 모든 역경을 극복해 나갔고 강력한 권력동기로 몽골 부족을 하나로 통일한 후 부족장 집회인 쿠릴타이에서 '세계의 통치자'를 뜻하는 칭기즈 칸으로 추대되었습니다. 그의 성취동기와 권력동기는 하늘을 찔렀습니다. 하지만 그의 또 다른 강점은 관계동기에 있습니다.

칭기즈 칸은 관계동기가 매우 높은 사람이었습니다. 가난한 환경에서 자라났으며, 자기 이름조차 쓸 줄 몰랐고, 목숨을 잃을 뻔한 고비를 수없이 넘겨야 했던 칭기즈 칸이 위대한 영웅이 된 것은 그가 맺은 수많은 친구와 동지 덕분이었습니다. 칭기즈 칸의 몽골 통일에 공헌을 세운 8명의 부하를 4구(狗) 4준(駿)이라 부르는데 이는 4마리의 사냥개와 4마리의 빠른 말이란 뜻으로 4구(狗)는 수부타이, 제베, 쿠빌라이, 젤메를 말하며 4준(駿)은 티라운, 보로클, 볼츠, 무카리를 가리킵니다. 그는 병사들이 '테무친'이라는 이름으로 자신을 부르는 것을 허용했으며, 병사들과 같은 옷을 입고 같은 음식을 먹으며 같은 천막에서 잠을 잤습니다. 이에 감동한 부하들은 목숨을 걸고 그를 따랐고, 칭기즈 칸이 독화살을 맞았을 때, 부하 젤마는 자신의 입으로 독을 빨아내기도 했습니다. 한번은 칭기즈 칸이 케레이트 부족장 옹 칸의 계략에 빠져 전투에서 패하고 발주나 호수로 달아나게 되었을 때 19명의 부하와 함께 흙탕물을 마시며 목숨을 연명하던 칭기즈 칸은 "만일 내가 이 사람들을 잊어버린다면 흙탕물처럼 되게 하소서."

라고 맹세했고 이후 19명의 부하는 칭기즈 칸과 생사고락을 함께하며 몽골 통일과 세계 정복 과정에서 크게 활약했습니다.

그는 사랑과 관용으로 부하들을 보살폈으며 그들을 위해 목숨을 걸고 전쟁터를 누볐습니다. 전투가 벌어지면 항상 선두에 서서 돌격했고, 전쟁에서 얻은 전리품은 부하들과 공평하게 분배했습니다. 심지어 전쟁 중에 포로로 잡혀간 아내가 적군의 아이를 임신했다는 사실을 알면서도 받아들였고 아내가 낳은 아이를 자신의 핏줄로 인정했다고 하니 맺어진 관계를 얼마나 소중하게 다루는지를 알 수 있는 대목입니다.[19]

돌이켜 보면 칭기즈 칸은 선천적으로 탁월한 역량을 지닌 사람이었습니다. 머리도 좋았고, 성취와 권력에 대한 욕구가 강했으며 거기에 더해 관계력도 매우 좋은 사람이었습니다.

하지만 독재자들의 사례는 다릅니다. 독재자들은 최측근 부하들에게 죽임을 당하는 경우가 많았는데, 우리의 역사에도 그러한 사례는 있습니다. 바로 박정희 전 대통령입니다. 박대통령은 1979년 10월 26일 궁정동 안가에서 본인의 최측근인, 당시 중앙정보부장 김재규가 쏜 총에 사망합니다. 김재규는 박정희에 비해 나이는 어렸지만 육사2기 동기이며, 동향(경북 선산)의 후배였습니다. 그런데 그가 본인을 키워 준 은인을 사망에 이르게 한 것입니다. 이는 김재규의 권

---

19) 양광모, "흙탕물을 마시며 의리를 맹세하다" *머니투데이*, 2011년 6월 16일 참고.

력욕에 벌인 일이라기보다는 박 대통령과 김재규의 관계가 틀어진 것이 결정적 계기였습니다.

이는 박 대통령이 권력에 대한 욕구가 강해 주변인들을 챙기며 대업을 이루었지만 타고난 관계동기가 없다 보니 어느 순간부터 한계가 보이기 시작한 것입니다. 관계동기가 높지 못한 사람이 지도자에 오르면 그 권력은 오래가질 못합니다. 주변 사람들이 떠나기 때문입니다. 박정희 대통령은 쿠데타를 일으킨 동지이자 1960년대 말 중앙정보부장이었던 김형욱으로부터 배신을 당합니다. 김형욱은 충성을 다했던 박정희 대통령으로부터 버림을 받고 야인으로 살아가던 중 대만으로 출국하여 미국으로 망명하게 됩니다. 그리고 그는 《뉴욕 타임스》와의 인터뷰와 프레이저 청문회에 출석하여 박정희의 치부를 폭로하였고, 이를 책으로 출판하기도 하였습니다. 김형욱의 이러한 행동은 박정희에게 엄청난 충격이었을 것입니다. 끝내 김형욱은 파리에서 실종되어 지금까지 소식이 없습니다.

권력동기가 강한 사람들은 권력을 쟁취하거나 유지하기 위해 관계력을 발휘합니다. 후천적으로 개발한다는 표현이 맞습니다. 하지만 이런 관계는 오래가지 못합니다. 목적이 있기 때문입니다. 권력이라는 목적이 달성되면 관계는 깨지는 것입니다. 하지만 선천적으로 따뜻한 사람은 다릅니다.

공감 수용

관계 능력은 어디에서 오는 것일까요?

대한민국 사람이라면 연예인 유재석 씨를 모르는 사람들은 많지 않을 것입니다. 또한 약간의 호불호는 있겠지만 유재석 씨에게 큰 반감을 가지는 사람도 없을 것으로 생각합니다. 그의 강점은 무엇일까요? 그에게서는 어떤 느낌이 있나요?

그에게는 거북함이 없이 푸근함이 있다는 것입니다. 바로 '공감 수용 능력'이라는 것입니다.

영국 옥스퍼드 대학의 진화인류학 던바(Robin Dunbar) 교수와 그의 동료들은 '사회적 뇌 가설(Social Brain Hypothesis)'을 발표하였습니다. 사회적 뇌 가설은 동물들과 사람의 뇌의 크기가 다른 것은 사회의 복잡성 때문이라는 것입니다. 조류나 어류, 포유류 등 지구상에 존재하는 동물들에 비해 인간의 뇌는 상대적으로 큽니다. 물론 거대한 고래의 뇌는 인간의 뇌보다는 크지만 질적인 측면에서는 비교가 되질 않습니다.

지구상에는 700만 년 전, 현재 인간의 선조인 초기 인류 '호미닌'이 출현하였습니다. 침팬지 등의 유인원들도 그러하였듯이 초기 인류들도 집단생활을 하였는데 집단사회를 구성한 가장 큰 이유는 포식자들로부터 자신들을 보호하기 위함이었습니다. 현재도 원숭이들과 영장류의 동물들은 집단으로 생활하며 하이에나 등의 공격으로

부터 자신들을 지켜 냅니다.

이러한 집단사회 무리의 크기는 종의 뇌의 크기(대뇌 신피질)와 상관관계가 있음을 던바 교수와 동료들이 밝혀냈습니다. '호미닌'이라고 불리는 초기 인류의 뇌의 크기는 현생인류인 '호모사피엔스'의 크기와는 비교가 되질 않습니다. 무리의 크기와 복잡도가 달랐기 때문입니다. 우리의 뇌는 사회적 복잡도의 질에 의해 진화를 거듭하며 현재의 크기가 형성되었습니다.

가족이라는 최소 집단에서 출발하여 부족사회를 형성하여 살아가면서 인간에게 있어 타인들과의 관계(Relationship)는 생존을 위해 필수적으로 요구되는 요건이 되었습니다. 그래서 인간은 사회적 동물인 것입니다.

우리는 사회를 형성하며 적으로부터 자신을 보호할 수 있고 공동체 의식으로 안녕을 유지할 수 있습니다. 이러한 공동체 내의 관계로부터 오는 평안함과 아늑함은 뇌에서 분비되는 엔도르핀(Endorphin)[20]으로 알려진 일종의 뉴로펩티드(Neuropeptide)[21]와 베타엔도르핀(β-Endorphin)[22]으로부터 기인하는데 원숭이와 유인원들

---

[20] 엔도르핀에 관한 요점은 그것이 육체에 가해지는 고통이나 스트레스에 대한 반응으로 뇌에서 방출된다는 것이다. 심리적 스트레스도 엔도르핀 방출의 원인이 될 수 있다. 엔도르핀은 모르핀과 화학적인 관계가 있어서 통증을 진정시키고 모르핀과 같은 아편형 마취제가 주는 것과 똑같이 기분을 상승시킨다. 단 차이는 인공마취제는 중독이 되지만 이런 뇌의 화학물질군에는 육체적으로 중독되지 않는다는 사실이다.(로빈 던바, *사회성, 두뇌 진화의 비밀을 푸는 열쇠*, 처음북스, 2016, 88쪽.)

[21] 신경세포체에서 합성된 신경전달 물질, 신경호르몬 역할을 하는 펩티드.
[22] 뇌하수체 전엽에서 방출되는 강력한 진통 펩티드의 하나.

의 사회 유대에서 보여 주는 상호 간의 피부나 털 쓰다듬기 등의 접촉에서 뇌가 반응하는 것과 같습니다.

즉, 인간은 상호 신뢰 관계를 통해 엔도르핀이 분비되고 이러한 보상을 맛본 사람은 또 다른 사람과 신뢰 관계를 구축하려는 행동을 보이게 되는 것입니다. 원숭이와 유인원 사회의 사례를 보면, 상호 간 긴밀한 관계가 유지되면 엔도르핀 방출이 배가 되고 동맹 관계로 이어져 역경에 맞닥뜨렸을 때 기꺼이 서로를 방어합니다. 이러한 신뢰 관계에서 분비되는 엔도르핀은 면역 체계를 조율하며 진짜 의학적인 효과를 가져다줍니다.

우리는 보통 타인에 대해 '그냥 아는 사람'과 '조금 아는 사람', '잘 아는 사람'으로 구분하는데 잘 아는 사람이 많은, 깊이 있는 인간관계를 나누는 사람들이 많음은 성과 창출 또는 삶의 질과도 직결되는 사안입니다.

아는 사람과 잘 아는 사람의 차이는 무엇일까요? '성과가 높은 사람이다.' '나는 그 사람의 고향이 어디이고 학교를 어디 나왔는지 안다.' '나는 그 사람이 사는 곳이 어디인지 안다.' 등의 개인정보로 그 사람을 잘 안다고 할 수 있을까요? 저는 '관계의 질'에 대해 많은 시간을 고민한 결과 타인을 잘 안다는 것은 그 사람의 감정 상태가 공유되는 상황이라고 정의하였습니다. 이는 타인과 이심전심(以心傳心)의 상태임을 의미합니다. 이심전심이라 함은 마음의 상태가 공유된 상황으로, 타인의 '마음의 상태'를 알았을 때 '잘 아는 사람'이라고 말할 수 있습니다. 여러분은 '잘 아는 사람'이 몇 명이나 있나요?

사람들은 기본적으로 상대의 감정 상태를 파악하는 능력을 지녔는데 우리는 이것을 '공감 능력'이라고 합니다.

2008년 카네기멜론 대학교와 MIT 대학교 심리학자들이 합동으로 상대적으로 성과가 좋은 팀은 어떠한 팀인지를 알아봤다. 요즘에는 대부분 프로젝트가 팀 단위로 일어나고 개인의 성과 또한 팀의 성과에 달려 있기 때문에 팀워크는 생산성 측면에서 중요해졌다.

연구팀은 699명을 모집해 152개의 팀으로 나누고 각 팀에 다양한 수준의 협력이 필요한 여러 과제를 내주었다. 흥미로운 사실은 과제 유형이 매우 다양했음에도 불구하고 하나의 과제를 잘해 내는 팀이 다른 과제도 잘했다는 사실이다. 반대로 하나의 과제를 실패한 팀은 다른 과제도 실패할 확률이 매우 높았다.

잘하는 팀의 장점을 알아보려고 먼저 이들의 지능지수를 측정해 보았다. 측정 결과 팀워크와 지능지수는 아무런 상관관계가 없는 것으로 나왔다. 그러면 도대체 어떤 요소가 훌륭한 팀워크를 만들었던 것일까? 연구 결과 두 가지가 있음이 밝혀졌다. 하나는 팀 문화였다. 잘 나가는 팀은 모든 팀원이 거의 같은 비율로 대화했고 그렇지 않은 팀은 소수가 발언을 독점하는 경향이 강했다. 다른 하나는 사회적 감수성이었다. 이들은 상대방의 표정, 말투, 목소리, 몸짓 등을 보고 상대의 감정을 직관적으로 잘 이해 했다. 사회적 감수성은 사람의 눈 모습만 보여 주고 감정을 맞추는 테스트를 통해 측정할 수 있다. 상대방의 감정을 잘 헤아리기 때문에 그것에 맞춰 대응할 수 있다. 예를 들어 상대방이 당황하거나 소외당한다는 것을 팀원들은 잘 느끼고 그것에 적절히 반응하게 되면서 팀 분위기가 좋아진 것이다. 한마디로 높은 공감 능력을 보여 주는 팀원들이 있을 때 팀은 높은 성과를 보여 주게 된다.[23]

---

23) 신영준·고영성, 완벽한 공부법, 로크미디어, 2017, 262~263쪽.

공감(共感, Empathy)의 의미를 살펴보면 "타인의 마음, 타인의 감정, 타인의 현재 상태에서 그 사람이 하고 있는 생각을 내가 그 사람의 입장으로 들어가서 느끼고 지각한다."라는 뜻으로 정의될 수 있습니다. 미국의 문화인류학자 로먼 크르즈나릭(Roman Krznaric)은 공감을 "다른 사람의 처지가 되어 보고, 그들의 감정(정서적 측면)과 관점(인지적 측면)을 이해하고, 그 이해를 활용해 우리의 행동을 인도하는 과정"이라고 말했습니다. 공감은 단순히 타인의 감정을 공유하는 것뿐만 아니라 타인이 처한 상황과 관점을 이해할 수 있는 해석이 동반된다는 것을 알 수 있는데 정서적 공감 능력은 "타인의 느낌을 느낀다."라고 말할 수 있고, 인지적 공감 능력은 "타인의 느낌을 이해한다."라고 설명할 수 있습니다. 정서적 공감 능력은 무의식적인 것으로 타인의 감정의 상태를 느낄 수 있느냐, 없느냐의 문제이며 정서적 공감 능력이 바로 관계동기의 핵심입니다.

정서적 공감 능력은 무의식적으로 타인의 감성적 고통을 느낄 수 있는 역량으로 선천적인 타고남과 유년기의 부모와의 정서적, 감정적 교류에 기반을 둔 뇌 발달로 이루어졌다면 인지적 공감 능력은 상대가 처한 상황과 입장을 이해하려고 노력함으로써 개발된 역량입니다. 아무래도 후천적인 인지적 공감 능력은 한계를 노출시키는 경우가 많은데 이는 무의식적인 동기가 아니어서 그렇습니다.
여러분들은 많은 책과 교육을 통해 공감 능력에 대한 훈련을 받습니다. 하지만 이런 행동은 얼마 가지 못하고 원래 모습으로 돌아가 버리는 요요 현상이 바로 그 예입니다. 또한 관계동기가 떨어지는 사람이 권력욕구를 채우기 위해 관계력을 강화하다가 밑천이 떨어져 본래의 모습으로 돌아오는 경우가 그렇습니다.

우리는 타인들과의 관계를 벗어나서 살 수 없는 생물학적 구조를 가지고 있고 타인들과의 공감을 통한 신뢰 관계 형성은 성과를 높이고 삶의 질을 높이는 기본적인 요건임을 알아야 합니다.

소통

그럼 이제는 소통(疏通, Communication)에 대한 이야기를 나누어 보겠습니다. 인간관계를 말할 때 소통을 빼놓고 이야기할 수 없는데 소통의 사전적 의미는 사람이 가지고 있는 '의사나 감정'에 대해 '생각이나 뜻이 서로 통함'입니다. 일반적으로 '의사소통'이라 하여 단순한 정보나 사실만의 소통을 생각하는데 이는 뜻(의사)의 통함만을 의미하고 감정을 배제한 상황으로 볼 수 있습니다.

명심해야 할 것은 소통이라 함은 감정의 공유, 공감을 빼고 이야기하면 안 된다는 것입니다. 소통을 위해 경청(傾聽)이 중요하다고 합니다. 경청의 진짜 의미는 무엇일까요? 경청은 '상대의 마음과 감정 상태'를 듣는 것입니다. 공감하는 것이지요.

집단 내의 소통이라 함은 상하 간의 수직적 소통과 비슷한 또래들 간의 수평적 소통을 말할 수 있는데 소통 중에 가장 어려운 부분은 상하 간의 소통입니다. 또한 소통이 이루어지는 채널로는 대화, 비

언어적 대화(Body Language), 문서 소통, 이메일, SNS 등 다양한 방법이 있습니다.

저는 국내 굴지의 조선회사 구성원들을 대상으로 소통 과정을 10여 년 동안 운영한 적이 있습니다. 진행했던 과정의 이름을 '심청아(心聽我)' 과정으로 명명하여 운영하였는데, 심청아의 의미는 "내 마음의 소리를 듣자."라는 뜻입니다. 소통 중에 가장 핵심인 동료와 구성원들의 감정 상태를 공유하기 위해 '인생곡선', '에고그램', 'MBTI' 등의 다양한 기법을 활용하였습니다.

조선소는 매우 위험한 작업 환경으로 감성적으로 기댈 수 없는 상황에서 근무를 하다 보니 갈등이 증폭되는 악순환이 반복되고 있었습니다. 이러한 상황에서 구성원 상호 간 기존에 말하기 힘들었던 성장 배경과 성격 유형, 관심사 등을 공유하는 과정을 통해 많은 참가자들이 같이 울어 주고 웃어 주면서 "저 친구가 왜 그런 행동을 했었는지 이제는 알 것 같아."라는 말을 하게 됩니다. 예를 들어 근래에 매우 민감한 행동을 보인 동료가 알고 보니 아내와 심각한 불화가 있음을 알게 되면서 상대의 행동에 대해 이해하게 된 것처럼 상대와의 감정적 소통이 가능해지기 시작한 것입니다. 이러한 소통을 통한 치유 과정에서 엔도르핀이 분비되어 참가자들은 감정적인 평안함과 안도감을 느낄 수 있고 회사에 출근하는 것이 기쁨이 되는 과정을 겪게 됩니다. 물론 생산성이 높아지는 것은 덤으로 얻을 수 있습니다.

인간관계는 감성적 소통을 통해 만들어집니다. 정서적 공감을 통해 타인들과 관계를 잘 만들어 가는 사람들을 볼 수 있는데, 이들은 상대와 대화 시에 대화의 중심을 상대에 둡니다. 인간은 기본적으로 자기를 중심으로 '자기효능감'을 표시하고 싶어 하는데 반면 정서적 공감 수용이 뛰어난 사람들은 본인의 이야기보다 상대의 이야기를 들어 주며 감성적으로 대응합니다.

직장 생활을 하다 보면 다양한 역량을 지닌 분들과 만나게 되는데 이 중 부하직원들에게 인기가 높은 분들이 있습니다. 이들은 본능적으로 상대의 말을 잘 들어 주면서 "어머, 그런 일이 있었어?" 등의 공감 수용에 매우 능숙한데 상대방의 감정 상태를 인지하고 표현하는 것입니다.

사람들과의 관계 능력도 한두 번의 성공 체험으로 강화됩니다. 힘들겠지만 본인을 되돌아보며 타인을 느끼고 인식하는 훈련을 해 보십시오.

사람들과의 관계는 성공을 위해 필요한 핵심역량으로 여러분들이 꼭 갖추어야 합니다.

4부

역량 개발

1
개발, 변화

사람은 참 변화(變化)하기 힘듭니다. 그 이유는 앞서 말씀드린 바와 같이 본인의 행동을 본인도 인지하지 못하는 무의식이 지배하고 있기 때문입니다.

변화한다는 것은 행동의 변화를 뜻합니다. 미용실에서 헤어스타일을 바꾸었을 때 "변화가 있다."라고 말할 수 있으나 제가 말씀드리는 변화는 일시적인 외모의 변화가 아닌 꾸준한 행동의 변화를 말합니다. 술과 담배를 오랫동안 끊었다면 이는 행동의 변화라고 말할 수 있는데 본인도 인지하지 못할 정도로 자연스럽게 평소 행동을 바꾸는 것이 변화이며 이 같은 행동의 변화는 '술·담배를 끊어야겠다.'라는 의식적 생각에서 출발하여 일상으로 금연, 금주하는 생활을 하다 보니 무의식으로 체화된 상황을 의미합니다.

인간의 변화는 본인도 인지하지 못하는 습관과 무의식의 변화를 의미하며 좀 더 깊게 들어가 본다면 인간 행동의 원동력인 무의식적인 '동기'가 변해야 변화되었다고 말할 수 있습니다. 그래서 심리학의 이론은 '사람은 변하지 않는다.'입니다. 하지만 교육학의 견해는 다른데 '사람은 변할 수 있다.'입니다. 교육학의 접근이 재미있죠?

행동의 변화는 주로 '학습'이라는 개발 과정을 통해 이루어집니다. 역량을 개발한다는 것은 행동 변화를 의미하고, 생각만 있고 행동의 변화가 없다면 개발되었다고 말할 수 없습니다. '배워서 알고 있기에 생각하는 것'과 '실제 행동하는 것'은 완전히 다른 것이죠.

여러분들의 일상은 여러분도 의식하지 못하는 습관에 의해 하루하루가 진행됩니다. 아침에 일어나면서 나누는 가족들과의 대화, 출근하여 진행되는 직원들과의 회의, 고객 또는 동료들과의 소통, 문서 작업 등 거의 모든 일상이 무의식적으로 그냥 돌아갑니다. 정신을 차리고 의식하는 과정은 상사에게 보고하는 순간이나 여자친구를 소개받는 장면 정도일 것입니다.

습관을 바꾸는 것은 매우 힘든 작업입니다. 하지만 습관을 바꾸어야만 동기를 변화시킬 수 있습니다. 대다수 사람들은 교육을 받거나 책을 읽으면서 또는 TV를 보면서 바람직한 가르침이 나오면 "아! 나도 저렇게 행동해야지." 생각합니다. 그리고 한두 번은 그런 행동을 시도하다 자기만족 또는 주변의 피드백이 없으면 "별로 반응이 없구먼." 하면서 원래의 행동으로 돌아와 버립니다. 그러한 것을 '요요 현상'이라고 하지요.

변화와 운명

어렸을 적 행동과 성인이 되어 보여 주는 행동의 차이가 큰 사람들이 있습니다.

저도 그런 사람 중에 하나입니다만 어렸을 적에 못된 행동을 많이 했던 말썽꾸러기 친구가 성인이 되어 완전히 다른 모습을 보여 주는 친구들도 있고, 소싯적에 조용하고 착하던 친구가 성인이 되어 폭력적인 모습을 보여 주는 친구들도 있습니다. 이는 사람이 변했다고 하기보다는 원래의 자기 모습을 찾았다는 표현이 맞는 것 같습니다.

젊은 분들은 잘 알지 못하는 가수 김종찬 씨의 사례를 들어 보겠습니다. 그는 1987년 〈사랑이 저만치 가네〉라는 노래로 스타 반열에 오른 분입니다. 이후 후속곡 〈토요일은 밤이 좋아〉, 〈당신도 울고 있네요〉 등으로 90년대 초반까지 국내 최고의 남자 가수였습니다. 당시 그의 인기는 가수 H.O.T.에 비견될 정도로 절정이었습니다. 하지만 그는 사업을 하다가 사기죄로 복역하게 되고 감방 생활을 하면서 종교에 귀의하여 현재는 목사님으로 재직 중입니다. 그는 출소 이후 다른 연예인들처럼 가수로 돌아올 수 있었습니다만 그는 자기의 길을 찾았습니다. 방송, 연예 활동과 철저히 거리를 두면서 목회 활동에 전념하고 있으며 현재도 대중가요는 일절 부르지 않는다고 합니다. 물론 목사님이니까 찬송가는 부르시겠지요. 개신교인들이 추구하는 가치는 '세상의 소금과 빛'이 되는 것입니다. 연예인들이 추구하는 대중적인 인기와 영리 추구와는 전혀 다른 가치관의 세계입니다.

저는 그분이 변화했다기보다는 그분의 길을 찾은 것으로 생각합니다.

'국민타자'로 불리는 야구선수 이승엽 씨도 원래는 투수였습니다. 고졸 출신으로 삼성 라이온즈에 입단할 당시 투수였던 그는 팔꿈치 부상으로 투수를 할 수 없어서 마지못해 타자를 해 본 것이었습니다. 이후 그는 타자로서의 재능을 찾았고 한국과 일본 프로야구 리그에서 최고의 타자로 인정받았습니다. 투수를 계속했다면 이러한 성공은 없었을 것이라고 그도 말하고 있습니다. 그는 철저한 노력파로 타자로의 전향 시에 죽을 만큼 최선을 다했을 것입니다.

그렇다면 그는 투수로 활동 당시에 노력을 게을리하여 좋은 투수가 못 되었을까요? 그렇지는 않았을 것입니다. 그는 투수로 활동할 당시에도 최고의 노력을 기울였을 것입니다. 무슨 일을 하든, 어디에서든 최선을 다하는 게 그의 스타일이니까요. 결론은, 운명처럼 그는 타자로서의 그의 길을 찾은 것입니다.

본래 본인의 길을 찾는 것은 자연스러운 현상입니다. 이를 다른 말로 '운명'이라고 말을 하는 사람들도 있는데 어찌 되었든 '사람이 변한 것'입니다. 또한 스스로가 변화하고자 하는 의지를 가지고 목표를 세워 학습 과정에 최선을 다해 사고와 행동을 바꾼다면 이 또한 '사람이 변한 것'이죠.

여기에서 후자인 본인 스스로의 의지로 변화한다는 것은 본인에게 자연스러운 무의식의 동기를 바꾸어 개발한다는 것으로 이는 본인이 인지하지 못하는, 습관과 같은 '익숙한 것들과의 결별'을 의미하는, 무척 힘든 작업입니다.

변화의 과정

사람의 변화 또는 개발의 출발점은 현재의 수준을 아는 데서부터입니다. 이 단계를 '자기인식(Self Awareness)'의 단계라고 하는데 자신의 현재 상황과 수준을 아는 것을 말합니다. 예를 들어 리더십을 개발하고 싶다면 기본적으로 본인의 현재 리더십 수준을 알아야 무엇을 고칠 것인지 방안이 나오게 됩니다. 리더십이란 영역도 매우 넓기에 세밀한 수준 진단을 기반으로 구체적인 개발 방안이 만들어져야 합니다.

자기인식을 다른 관점에서는 '메타인지(Meta-Cognition)'라고 합니다. 이는 자기를 바라보고 자기에 대해 생각할 수 있음을 말하는데, 공부할 때 그냥 공부하는 게 아니고 본인의 무엇이 부족한지 생각하고 부족한 부분들을 채우는 것을 말합니다. 회사 일을 하면서도 시키는 일만 생각하는 사람들이 있는가 하면 본인이 일을 잘하고 있는지 생각해 보는 사람들이 있습니다. 이는 현재 상태의 나를 놔두고 본인에 대해 생각을 하는 것으로 메타인지가 뛰어난 사람들은 자기인식 능력이 높습니다. 다른 말로는 '지피지기(知彼知己)'를 잘한다는 것입니다.

또한 개발, 변화를 위해서는 변화하고자 하는 의지가 중요합니다. 이를 '변화동기'라고 말하기도 하고 '학습동기'라고 말하기도 하는데 이러한 학습동기는 충격을 많이 받았을 때 많이 일어납니다.

우리는 복수와 관련한 영화나 드라마를 많이 봐 왔습니다. 장서희 씨가 출연했던 〈아내의 유혹〉, 송혜교 씨가 출연했던 〈더 글로리〉라는 프로그램도 있었습니다. 이러한 복수극들은 프랑스 작가인 '알렉산드르 뒤마'의 소설 《몽테크리스토 백작》이 기원이 되는데 대강의 줄거리는 행복 → 절망 → 변화 → 복수의 '권선징악'의 흐름으로 이어집니다. 주인공들은 절망이라는 시점에서 엄청난 충격을 받습니다. 친구의 배신, 남편의 배신, 믿는 이들의 배신 등의 말로 표현 못 하는 절망적인 충격을 받은 후 '자기를 인식'하게 되고 이를 기반으로 변화를 꿈꿉니다. 엄청난 변화(학습)동기가 일어난 것입니다.

사람은 받은 충격의 크기가 클수록 변화의 크기가 커지고 속도가 오래갑니다. 엄청난 충격, 이를 '중대한 감성적 경험(SEE, Significant Emotional Experience)'이라고 하는데, 받은 충격이 크면 이를 극복하고자 하는 힘도 커진다는 의미입니다.

중국 역사 중 오나라의 부차는 월나라와의 전쟁 중에 아버지를 잃고, 아버지의 원수를 갚기 위해 땔나무 위에서 잠을 자며 복수를 다짐했답니다. 부차는 곧 반격에 나섰고, 마침내 아버지의 원수를 갚을 수 있었습니다. 이에 전쟁에서 패한 월나라의 구천은 복수를 생각하며 곰쓸개를 늘 곁에 두었답니다. 그는 쓸개의 쓴맛을 보면서 자신이 당한 치욕을 잊지 않고 되갚기 위해 노력했고 그래서 나온 사자성어가 '와신상담(臥薪嘗膽)'입니다. 부모의 원한을 갚기 위해 땔나무 위에 잠을 잤고, 쓰디쓴 쓸개를 맛보면서 복수라는 변화를 일구어 냈다는 의미입니다. 이와 유사한 사자성어는 '절치부심(切齒腐心)'이란 단어가 있는데, 이만큼 사람의 변화는 힘들다는 것을 말합니다.

회사에서 발표할 때 본인이 타인들보다 발표를 잘 못했고 그런 행동들을 다른 동료들도 같이 봤다면 그 창피스러움은 무척 컸을 것입니다. 그럼 그에게는 발표 능력을 개발하고자 하는 학습동기가 발현되는 것입니다. 자기인식이 진행되는 과정이죠.

교육 훈련의 장면에서도 자기인식 즉, 충격을 강하게 주는 것은 매우 유용한 기법입니다. 예를 들어 회사에서 실시하는 다면평가 결과를 받아들인 대다수의 사람들은 충격을 상당히 받습니다. 본인은 지금까지 잘해 왔다고 생각했는데 주변의 동료와 상사의 평가가 전혀 다르게 나오면 그때의 당혹감은 상당하죠.

많은 부모님들은 자녀들의 학업에 관심이 많고 공부를 열심히 하도록 다양한 방법을 동원합니다. 그중 하나가 체벌과 잔소리이죠.
특히 부모들이 자주 하는 타인들과의 비교, "누구는 이번에 1등을 했다고 하더라. 너는 도대체 뭘 하고 있는 거냐." 등의 잔소리는 학습동기를 일으키기 위한 충격요법으로 쓰는데 도리어 자녀들의 자기효능감을 떨어뜨려 동기를 저하시키는 효과가 있습니다. 이러한 부정적인 피드백은 자제하는 것이 맞지만 상황에 따라 물리적인 충격이 유용하게 사용될 수도 있습니다.

목표 수립

본인의 수준을 알고 충격을 받아서 변화를 위한 학습동기가 발현되었다면 이제는 구체적인 목표와 행동 계획을 수립해야 합니다.

처음의 목표는 너무 크게 수립하지 마십시오. 이는 목표 달성을 못 했을 때 오는 상실감이 학습동기를 떨어뜨리는 결과로 나올 수 있기 때문입니다. "나는 3년 내에 영어를 네이티브 수준으로 구사할 거야."라는 목표는 잘되면 좋으나 현실적으로 달성하기 어려운 목표로 자칫 상실감만 안겨 줄 수 있습니다. "역시 나는 안 되네."라는 실패의 기억이 일상화되면 곤란합니다. 이 또한 습관이 될 수 있습니다.

작은 목표라도 목표를 설정할 때는 원칙이 있습니다. 많은 분들이 목적과 목표를 혼동하는 경우가 많은데, 목적은 궁극적으로 달성해야 하는 그 무엇이고, 목표는 목적을 달성하기 위한 과정에서의 구체적인 모습입니다. 그래서 '목적은 방향이고 목표는 지점'이라고 말하죠. 목표는 구체적이어야 한다는 것입니다.

목표는 첫 번째, 측정이 가능해야 합니다. 가령 다이어트를 한다고 하면 측정 가능한 목표치, "10kg를 줄이겠다."처럼 숫자로 표시된 목표가 있어야 한다는 것입니다. 측정이 어려우면 잘되었는지, 그리고 구체적으로 얼마나 잘되었는지를 평가할 수 없습니다. 목표를 수립할 때는 측정 가능한 숫자로 기술되어야 함을 잊지 마십시오.

두 번째, 목표는 기간이 정해져 있어야 합니다. 막연히 "몸무게를 10kg 줄이겠다."라는 목표는 바른 목표가 아닙니다. 언제까지 달성하겠다는 기간이 반드시 제시되어야 합니다. "나는 나의 몸무게를 6개월 이내에 10kg 줄이겠다."로 표기되어야 합니다.

세 번째, 목표는 무엇을 할 것인지 명확하게 기술해야 합니다. "건강 회복" 같은 식으로 작성하시면 너무 포괄적입니다. 건강을 회복하기 위해 무엇을 하겠다는 것이 구체적이어야 한다는 의미입니다.

목적	건강 회복
목표	몸무게를 6개월 이내에 10kg 줄이겠다.

저는 여러분들에게 달성할 수 있는 작은 목표부터 수립하라고 조언하고 싶습니다. 그래서 주변으로부터 긍정적인 피드백을 받아야 합니다.

예를 들어 마라톤에 도전을 하고 싶다면 풀코스가 아닌 10km에 도전해 보는 방식입니다. 물론 10km도 부담이 될 수 있습니다. 그렇다면 5km의 목표를 설정하고 도전해 보십시오. 하루에 조금씩 진행하다 보면 5km는 충분히 가능합니다.

다른 예로는 "나는 다른 동료들보다 1시간 먼저, 8시에 출근할 거야."라는 목표를 수립하였고 이를 실행하였다면 초기에는 몸도 피곤하고, 주변에서 "쟤 왜 저래?" 등의 부정적인 피드백으로 그만둬 버리는 요요 현상으로 이루어질 수 있습니다. 하지만 꾸준히 1개월 정도를 실행한다면 좋은 피드백이 나올 것입니다. "저 친구는 못 할 줄 알았는데, 매일 하는 모습에 저 친구의 다른 모습을 본 것 같아." 등의 긍정적인 피드백은 성취감으로 오게 되고 '자기효능감'이 높아지는 '성공 체험'을 맛보게 됩니다.

피드백

여기에서 피드백은 대단히 중요한 역할을 하게 되는데 인간은 기본적으로 스스로 하는 셀프 피드백이 되었건, 타인들의 피드백이 되었건 피드백이 있어야 합니다. 여러분들이 다이어트에 도전하였다고 한다면 식사량을 줄이고 운동을 열심히 하는 등의 실행을 하게 됩니다. 그러면서 바라보는 것이 바로 체중계입니다. 체중이 줄었다는 셀프 피드백을 받게 되는 것입니다. 거기에 덧붙여 주변에서 "다이어트 중이신가 봐요. 효과가 보입니다." 등의 피드백은 지속적인 실행의 큰 힘이 됩니다.

또 하나의 예를 든다면 친구 부부가 상호 간에 존댓말을 하는 것을 보고 보기 좋아서 아내에게 "여보 우리도 나이도 있고 하니 상호 간에 존댓말을 합시다."라며 존댓말을 제안하게 됩니다. 평소에 하지 않았던 새로운 행동으로 어색하지만, 의지를 가지고 의식적으로 몇 번을 시도합니다. 이때 아내의 행동(피드백)이 대단히 중요한데 "당신이 나에게 존대를 해 주니 내가 존중받는 것 같아 좋아요." 아니면 "아니. 불편하게 왜 이래? 평소대로 해." 등의 피드백을 받을 수 있습니다. 만약 긍정의 피드백을 받았다면 본인도 만족하며 그 행동을 지속될 수 있지만 부정의 피드백을 받았다면 중단될 가능성은 커지며 다시 원래의 모습으로 돌아갈 것입니다. 아내의 부정적인 피드백에도 본인이 편안하고 만족스러우면 계속 존댓말을 사용할 수 있는데 이때는 스스로의 셀프 피드백이 좋았던 것입니다.

　실제로 긍정적인 피드백을 받게 되면 기분이 좋아지는데 이런 현상은 뇌에서 도파민이 분비되기 때문입니다. '신이 선사한 마약'이라 불리는 도파민은 쾌락이나 만족감을 느끼게 하는 신경전달물질로 꾸준한 도전이 있게 하고 더불어 더 큰 성취에 도전하게 하는 동기를 부여합니다.

　작은 성취에서 맛본 도파민이 너무나 달콤하여 또 도파민을 찾게 되는 것이죠. 마약에 중독되는 것과 같은 이치입니다. 이런 선순환은 습관이 되고 무의식적인 동기로 정착되는 것입니다.

　또 다른 관점에서 영국 런던 대학 심리학과 제인 워들(Jane Wardle) 교수는 변화하고자 하는 행동이 습관으로 정착되기까지 66일이 걸린다는 연구 결과를 발표하였습니다. 반면 미국 성형외과 의사인 맥스웰 몰츠(Maxwell Maltz)는 《맥스웰 몰츠 성공의 법칙》에서

21일의 법칙을 주장했습니다. 사고로 사지를 잃은 사람이 잘린 팔과 다리에 심리적으로 적응하는 기간을 살펴보니 약 21일 걸린다는 것이었습니다. 우리 뇌는 새로운 것을 접하게 되면 먼저 거부감을 나타내게 되고 이 거부감에서 익숙하게 되기 위해서는 시간이 필요한데, 의심과 고정관념을 담당하는 대뇌피질과 두려움, 불안을 담당하는 대뇌변연계를 거쳐 습관을 관장하는 뇌간까지 가는 데에는 상당한 시간이 필요합니다.

변화의 확대

앞서 말씀드린 것처럼 사람은 자기효능감으로 살아갑니다. 성공 체험을 통한 자기효능감의 확대는 또 다른 새로운 성공에 도전하고 싶은 동기를 부여하여 또 다른 목표를 수립하게 되는데 "나는 8시에 출근하여 부족한 영어 작문 능력을 사이버 교육을 통해 개발할 거야." 등으로 확대해 나가는 것입니다.

작은 성공 체험을 통해 기쁨을 맛보고, 더 큰 기쁨과 성취감으로 나아가는 이러한 과정을 '강화 과정(Reinforcement)'이라고 하는데 아이들이 바람직한 행동을 했을 때 칭찬을 해 주면 아이들은 바람직한 행동을 강화하고 습관으로 정착이 되며 더 큰 바람직한 행동으로 나아가는 과정을 말합니다. 긍정적인 선순환구조가 이루어진 것으로 이런 과정에서 동기가 개발됩니다. 반대의 개념으로 못한다고 체벌을 하게 되면 그 체벌이 무서워 그릇된 행동을 하지 않게 됩니다.

아이가 너무나 많은 시간을 사용하여 컴퓨터 게임에 몰입하면 부모는 잔소리가 심해지게 되는데 그러면 아이는 잔소리라는 처벌이 두려워 게임을 하는 시간을 줄이게 되며 이런 현상이 연속되면 게임을 적게 하는 행동이 자연스러워집니다. 부정적인 방법이지만 행동의 강화가 이루어지는 것입니다.

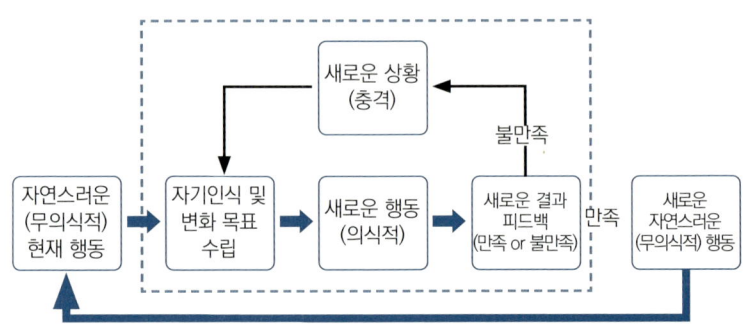

지금까지의 변화와 개발의 과정을 정리하면, 변화는 행동을 일으키는 동기의 변화를 의미하고, 그 출발점은 자기를 아는 것부터 출발합니다. 그것은 자기인식의 단계이고 그다음은 변화의 목표를 수립하는 것입니다. 변화의 목표는 달성하기 어려운 큰 목표가 아닌 작은 성공 체험부터 시작하는 것이 적절한데 이러한 과정에서 바람직한 행동은 습관으로 정착되고 계속적인 행동변화의 도전과 긍정 피드백의 강화 과정을 통해 개인의 가치와 동기가 개발됩니다.

자기인식과 롤모델

앞서 말씀드린 나 자신을 아는 '자기인식'은 말은 쉽지만 실제로는 상당히 어려운 단계입니다. 하지만 대다수 사람들은 본인의 강·약점을 어느 정도는 알고 있죠. 본인의 멘탈이 약하다거나 대인관계에서 말을 잘 못한다거나 등은 알고 있습니다. 하지만 "내 인생이 왜 이렇게 된 거야? 원인은 어디 있는 거야?"라고 하면 상황은 달라집니다. 운명을 탓할 수 있겠지만 무의식적인 그 원인을 알 수 없는 것이지요. 전문기관을 찾아 동기조사를 하여 본인이 누구인지 알아보는 것도 쉽지 않습니다.

제가 독자 여러분들의 자기인식을 돕기 위해 의견을 드린다면, 성공을 위해 본 도서를 읽고 계신 독자 여러분은 성공이 그립거나 아니면 성공해야 하는 누군가를 가르치기 위한 분들이십니다. 모든 것이 채워진 분들이라면 이 책을 읽지 않겠죠.

대강 현재 여러분들의 상황이 어떠한지 추론이 되는데, 여러분들은 지금 성공이 그립고 그렇기 때문에 변화를 원하는 단계이므로 분명히 성취동기는 상당히 높으신 분들입니다. 성취동기 높지 않은 분들은 책을 읽기보다는 다른 쪽에 관심을 보일 것입니다.

현재 본인의 모습을 명확히 파악하기가 어렵다면 본인이 존경하고, 꼭 되고 싶은 롤모델을 찾아보는 것도 하나의 방법입니다. 그 롤모델에서 본인의 모습을 일부 찾을 수 있는데 본인이 되고 모습이기에 거울에 비친 모습처럼 본인이 어떤 사람인지 찾을 수 있습니다. 또한 롤모델이 있다는 것은 자기개발을 위해서도 매우 효과적입니다. 구체적인 자기개발 방법으로는 롤모델의 행동과 태도를 따라 하는 것입니다. 저는 역량개발의 방법으로 흉내 내기를 권유하는데 노래를 잘 부르고 싶으면 본인이 좋아하는 가수의 노래를 모창하는 것입니다. 그의 창법뿐만 아니라 노래 부를 때의 모션과 스테이지 매너까지 따라 해 보는 것입니다.

롤모델은 꼭 현재 내 옆에 있어야 하는 것은 아닙니다. TV 또는 책을 통해서도 얼마든지 롤모델은 찾을 수 있습니다.

사업을 잘하는 백종원 씨를 연상하면서 백만장자를 꿈꾼다거나, 아니면 영화 〈죽은 시인의 사회〉의 존 키팅(John Charles Keating) 선생님이 된 것처럼 그와 나를 오버랩시켜 보면서 행동해 보는 것입니다. 꿈을 꾸기만 해도 염원하는 결과의 반은 이루어졌다고 볼 수 있습니다.

친구들과 관계를 좀 더 돈독하게 하고 싶다면 친구들과 관계가 좋은 친구를 연상하여 보십시오. 그가 평소에 보였던 말투와 태도를 연상하며 친구들에게 사용해 보는 것입니다. 친구들과 약속 장소를 잡을 때 내가 유리한 쪽으로만 고집하지 않았는지, 대화할 때 내 중심이지 않았는지 등을 고민하여 친구들에게 다가가 보십시오. 1년이 지나면 좋은 결과가 있을 것입니다.

만약 여러분이 리더십을 개발하고 싶다면 다음에 참가하는 미팅에서 참여자들이 본인의 의견을 지지하도록 어떻게 설득할 것인지 고민해 보십시오. 이 과정에서 과거에 어떤 분이 보여 주었던 효과적인 설득의 장면을 연상하고 그의 설득과정과 태도를 연상하여 대입하여 보십시오. 이러한 과정은 역량을 개발하기 위한 매우 효과적인 방법입니다.

더불어 이러한 과정을 생각만 하지 마시고 구체적으로 적어 놓는 것도 매우 중요합니다. 목표를 구체화하는 과정인 것으로 롤모델이 누구인지, 그의 무슨 행동을 따라 할 것인지를 기술하여 벽에 걸어 놓는다면 효과는 높아집니다. 롤모델의 사진을 걸어 놓는 것도 좋은 방법인데 그런 순간 여러분은 그 행동에 대해 무의식적인 관심이 커지고 그곳에 에너지를 분배합니다.

직접 롤모델을 만난다면 더 좋을 것이고, 관련된 장소를 찾아가는 것도 좋은 방법입니다. 어찌 되었든 이 모든 것들이 생생하게 사진으로 또는 글로 기술되어 있으면 좋습니다.

역량을 개발하기 위해 가장 좋은 방법은 '일'을 통해 개발하는 것입니다. 여러분들의 주변에는 역량 개발을 위한 방법론들이 넘치고 있습니다. 직접 강사들과 면 대 면으로 진행하는 교육 훈련 과정, 사이버를 통한 교육 훈련, 사내에서 진행하는 코칭, 멘토링 과정 등 많은 개발 방법론들이 있습니다만 그중 가장 효과가 좋은 방법이 일을 통한 개발입니다. 맥킨지 컨설팅의 연구결과에 의하면 직무를 통한 개발(Job Assignment)이 기존의 교육 방법들보다 효과가 크다고 발표하였습니다.

학습곡선

역량 개발 활동에서 유념해야 할 사항이 있습니다. 공부를 하거나 행동의 변화를 추구할 때 효과는 바로 나타나지 않는다는 것입니다. 독일의 심리학자 헤르만 에빙하우스(Hermann Ebbinghaus)는 '학습 곡선(Learning Curve) 이론'을 제창하였는데 공부에 시간과 노력을 투입하였다면 바로 효과가 나타나지 않고 일정 시간 누적되고 난 후 효과가 급등한다는 이론으로 하루에 2시간씩 열심히 영어 공부를 한다고 하면 영어 실력이 2시간에 맞추어 바로바로 효과가 나타나지 않는다는 것입니다. 시간과 노력이라는 투입(In-Put) 대비 영어 실력이라는 산출(Out-Put)이 바로 이루어져야 하는데 일반적으로 그렇지 않고, 준비 기간 등의 필요 시간을 사용한 다음 급상승한다는 이론입니다.

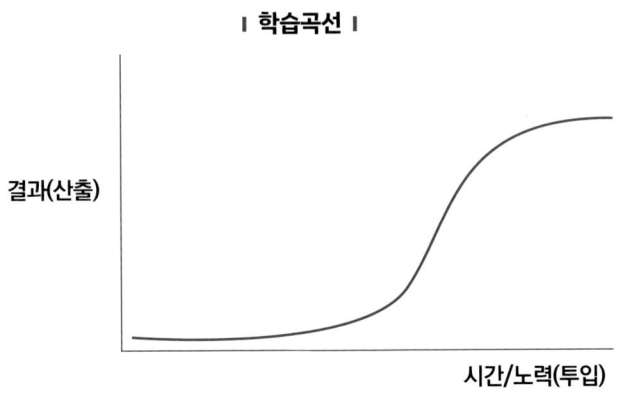

| 학습곡선 |

그래서 즉각적인 효과가 나타나지 않은 초반의 고비를 잘 넘겨야 하는데 대다수의 사람들은 이 시기를 넘지 못하고 포기하는 경우

가 많습니다. 골프를 하시는 분들은 아시겠지만 골프에 입문하고 나서 무척 열심히 연습합니다. 하지만 생각만큼 핸디는 줄지 않죠. 그러다 보니 많은 사람들이 속도 상해하고 포기하는 경우도 많은데 이 시기를 이겨 내고 몇 년을 꾸준히 하다 보면 어느 순간 실력이 급격히 올라갑니다. 한 단계 올라서는 것입니다. 그러다가 또 슬럼프 등의 정체기를 맞이하고 한동안 정체기에 머물다가 또 급격히 성장합니다. 이러한 사이클을 통해 고수의 단계가 되는 것입니다.

지금까지 역량개발의 단계와 절차에 대해 말씀드렸습니다. 이제부터는 지능과 동기를 개발하기 위한 구체적인 방법론을 제시하겠습니다. 본인이 부족하다고 생각하는 역량을 개발하는 데 활용하시기 바랍니다.

2

지능 개발

결정성 지능, 경험

타고난 지능, 즉 유동성 지능은 개발하기 매우 힘듭니다.

암기력과 수리력이 떨어지는 사람이 노력과 훈련을 통해 이것들을 개발할 수 있다면 이는 어마어마한 역사적 사건이 될 것입니다. 솔직히 불가능한 영역입니다. 하지만 앞서 말씀드렸듯이 결정성 지능의 개발은 얼마든지 가능합니다. 아는 만큼 보이기 때문입니다.

물론 결정성 지능의 개발이 가능하다고 하여 타고난, 유동성 운동신경이 떨어지는 사람을 열심히 운동시킨다고 세계적인 선수가 될 수는 없습니다. 이는 배워서 익힌 지능은 일정 영역에 국한될 수밖에 없다는 의미로 결정성 지능의 한계를 말합니다. 아는 만큼 보인다고 하여 세상의 모든 것을 배울 수는 없기 때문입니다.

저는 축구를 좋아하여 젊은 시절에 열심히 조기축구회를 쫓아다 닌 적이 있습니다. 그때의 경험으로, 이른바 '선출'이라는 엘리트 선수 출신의 선수들이 각 팀마다 몇 명씩은 있었는데 아무리 축구 운동신경이 뛰어난 분이라 하더라도 일반인들은 고등학생 축구 선수 경험을 지닌 분들을 이길 수 없었습니다. 고등학교까지 축구 선수를 했다는 것은 어렸을 적에 유동성 운동신경도 상당하였다는 것을 의미하고 여기에 축구 감독 등의 전문가들에게 배운 결정성 축구 경험이 더해지면 일반인들은 당해 낼 수 없습니다. 하지만 엄청나게 탁월한 유동성 축구 감각을 지닌 분이 어려서부터 엘리트 축구를 하여 결정성 경험을 더 했다면 이강인과 같은 선수가 되었을 것입니다.

유동성 지능은 필요조건입니다. 유동성 지능이 작으면 결정성 지능 또한 작아질 수밖에 없습니다. 기본적으로 유동성 지능이 낮으면 공부를 못하기에 지속적으로 공부를 할 수 있는 기회가 줄어들게 되기 때문입니다. 그래서 결정성 지능 또한 낮아지게 되는 것이죠. 하지만 이를 극복하고 열심히 공부하고 경험하는 분들이 있습니다. 이들은 '한 우물을 파서' 결정성 지능을 높여 일정 영역에서 최고가 된 분들입니다.

제가 잘 아는 친구는 식당 영업을 잘하여 성공했습니다. 그는 식당 장사에 대한 경험이 많아서 되는 것과 안 되는 것에 관한 판단이 빠른데 그는 경기도 일산에 큰 고깃집과 빵과 커피를 파는 베이커리 카페를 운영하면서 경기도 광주에 민물장엇집을 창업하는 등 손을 대는 사업마다 성공하는, 식당 장사에 일가견이 있는 친구입니다. 친구가 어렸을 적에 공부를 잘했다면 어땠을까? 생각을 해 보았습니다만 소싯적에 공부를 잘했다면 아마도 공부 쪽으로 나섰지 위험이 큰 식당 장사 경험을 하지 않았을 것이라는 생각에 더 이상 묻지 않았습니다.

친구는 감각적으로 고객 요구를 파악하는 능력과 음식을 맛있게 만드는 능력을 갖췄을 것입니다. 이는 타고난 유동성 지능입니다. 이후 마케팅을 공부하였고 역량 있는 주방장과 직원들의 네트워크를 만들었으며 어디에 투자를 하면 좋을지에 대한 식견들도 경험하였을 것입니다. 이는 후천적인 결정성 지능입니다.

저는 지능을 늘리기 위해서는 타고난 지능을 탓하기보다는 결정성 지능에 초점하여 많은 경험을 해 보시라고 권유해 드립니다. 공부를 하는 것도 경험이고, 새로운 사업을 체험해 보는 것도 경험이고, 여행을 하고 사람을 만나는 것도 경험입니다.

현재하고 계시는 일에 전문성을 더할 수 있는 공부를 더 해 보십시오. 대학원을 진학하는 것도 매우 좋고, 관련 서적을 매주 한 권씩 읽는 방법도 좋습니다. 또한 회사에서 제공하는 교육 과정에 참여하는 것도 바람직하고 유튜브를 통한 학습 또는 관련된 밴드 등의 커뮤니티에 가입하여 전문성을 가다듬는 것도 좋습니다. 요즘은 공부를 할 수 있는 방법들이 매우 다양하게, 무료로 준비되어 있습니다.

직장 생활을 하는 분들에게 일상은 문제 상황을 해결하는 나날입니다. 마케팅 부서에 근무하는 분이라면 제품의 판매고를 높이기 위해 다양한 고민을 하게 되고, 무조건 현재보다 내일은 개선된 결과를 내놓아야 합니다. 그러려면 변화된 고객의 트렌드와 요구를 조사하고 분석하여 새로운 방안을 제시하여야 하는데 그러기 위해 마케팅 조사 방법론을 알아야 합니다. 마케팅에서 주로 쓰이는 기법으로는 '경쟁 전략 분석', 'SWOT(기회, 위협, 강점, 약점) 분석', '3C(고객, 경쟁사, 자사) 분석', 'STP(시장 세분화, 목표 시장 선정, 포지셔닝) 분석', '4P(제품, 가격, 유통, 촉진) 분석' 기법 등이 기본적으로 사용됩니다. 그 외에 제품의 하자로 인해 고객들의 불만이 많아지면 그 요인을 분석해야 하는데 이때 쓰는 기법이 '인과 분석'입니다. 제품 하자의 원인을 파악하는 것입니다.

아마 기본적으로 인과 분석은 다들 사용할 줄 압니다만 나머지 기법들은 배워야 하는 것입니다. 이런 과정을 경험한다면 마케팅 전문가로서 문제 상황이 발생되면 즉각적인 해결 방안 도출이 가능하여 문제 해결이 쉬워지며 이는 마케팅 지능이 고도화되어 가는 과정입니다.

본인의 현재 전문성 외에 다른 분야에도 관심을 갖고 적극적으로 참여해 보십시오. 한 우물을 파면서 깊이를 더해 강물을 만드는 방법도 있지만 다른 분야와 융합을 통해 새로운 지능 역량을 개발할 수 있습니다. 4차 산업시대는 '융합'의 시대입니다. 다른 분야의 학습을 통해 새로운 관점을 보고 현재의 전문성에 더하는, 융합을 한다면 이는 최고의 결과를 만들어 낼 수 있습니다.

특정 분야의 전문가라고 하면 이 외의 다양한 관점을 경험하는 것도 좋습니다. 앞서도 말씀드렸지만, 페이스북의 창업자 마크 저커버그는 컴퓨터 공학 외에도 심리학을 복수 전공한 것으로 유명하죠. 인문학도 좋지만, 그 외 공학 등의 다른 학문을 공부한다면 어떤 결합 작품이 나올지 모릅니다. 다른 학문과의 결합은 사고의 유연함을 통해 새로운 길을 만들어 주기 때문입니다.

어떤 위치에 있던 완벽한 사람은 없습니다. 만약 본인이 완벽하다고 느낀다면 이는 본인 스스로가 한계를 만드는 것인데 미국 스탠포드 대학 심리학과의 캐롤 드웩(Carol S. Dweck) 교수는 《마인드 셋(Mind Set)》이라는 책을 통해 고정 마인드 셋과 성장 마인드 셋을 말하였습니다. 고정 마인드 셋이라는 것은 사람은 변화하기 힘들다고 생각하고 현재 상황에 만족하고 있는 것을 말하고 성장 마인드 셋은 늘 새로운 것을 관심을 지니고 변화하고 성장하려는 의지의 상태를 말합니다.

메타인지, 자기객관화
캐롤 드웩 교수는 마인드 셋 이론과 지능 개발을 위한 메타인지 이론을 말하고 있습니다.

메타인지 이론은 앞서서도 잠깐 설명해 드렸었는데, 메타인지라는 문장을 해석하면 초(超)인지 즉, 내가 나를 생각하여 아는 것(인지)입니다. 예를 들어 동료가 독자님을 불편하게 하여 화가 났다면 곰곰이 나를 반추해 보는 것입니다. "내가 왜 화가 났지?" "내가 지금 화를 낼 상황인가?" "동료가 나에게 한 불편한 말의 저의는 무엇인가?" "내가 화를 낸다면 향후의 상황은 어떻게 전개될 것인가?" 등으로 나를 바라보는 것을 말합니다. 화가 나 있는 나는 주체입니다. 화에 둘러싸여 있는 나를 제삼자 즉, 객체의 입장에서 바라보는 것입니다. 이렇듯 제삼자의 관점에서 나를 바라보면 실은 아무 일도 아닌, 농담을 한 것인데 내가 과민하게 반응하여 혼자서 화가 나 있을 수도 있습니다.

나를 제삼자의 관점에서 바라본다는 말은 다른 말로 '자기객관화(Objectification)'라고 하는데 자기객관화는 상황을 넓고 깊게 볼 수 있는 아주 유용한 방법입니다.

장기나 바둑을 두고 있는 사람은 주관화되어 있는 상황입니다. 이들은 상대방과의 대결에 고도로 몰입되어 갖은 수를 만들어 냅니다. 하지만 몰입되어 있는 이들보다 수를 잘 보는 사람들이 있습니다. 바로 훈수꾼인데 그래서 저는 자기객관화를 '훈수꾼 이론'이라고 합니다.

가령 여러분들이 다른 분과 협상을 한다고 한다면 이때 훈수꾼 이론을 써 보십시오. 나를 분리하여 객관적 관점에서 현상을 들여다보면 협상의 성패를 볼 수 있을 것입니다. 저는 운전을 하다가 옆에서 운전하는 분과 불편한 상황에 놓였을 때, 아내와 다툼이 있을 때 등 다양한 상황에서 객관적인 관찰자의 입장에서 나를 생각해 봅니다.

제가 제시하는 또 하나의 관점은 '자기 주도화'입니다. 앞서 말씀 드렸지만 지능은 상황이나 사실이 보이느냐, 안 보이냐의 차이입니다. 하위 직급에 있는 직원들과 임원의 위치 있는 분들이 바라보는 것에는 많은 차이가 있습니다. 이를 '테이블 십(Table-ship)'이라고 하는데 "자리가 사람을 만든다."라는 의미가 적절할 것 같습니다. 직책이 높아질수록 경험을 많다는 것을 의미하지만 한편으로는 이들이 사안을 바라보는 관점의 차이나 분석의 예리함은 일반 직원들과 아주 다르다는 것입니다. 경쟁력이 없는 회사원들은 본인들이 몇 년 근무하다가 떠날 사람으로 생각하고 직장 생활을 합니다. 주인 의식이 없는 것이죠.

상황을 바라볼 때 주인 의식이 있고 없음은 상황 분석 지능에 큰 차이를 보입니다.

젊고 팔팔한 머슴들의 눈은 100세가 된 주인의 눈을 따라갈 수가 없습니다. 머슴들은 본인 것이 아니라는 생각에 피동적이기 때문입니다. "주인은 미래를 봅니다만 머슴은 오늘 하루를 봅니다. 주인은 스스로 움직이고, 머슴은 주인에 의해 움직입니다. 주인은 되는 방법을 찾고, 머슴은 안 되는 핑계를 찾습니다." 사람에 따라 차이는 있습니다만 내 것이 아니라는 생각에 사안을 등한시하는 경우가 많은데 저는 이를 '머슴 이론'이라고 칭하고 있습니다. 주어진 상황을 나의 상황이라는 관점에서 바라보면 안 보이던 것들도 보이기 시작합니다. 상황을 자기주도적으로 풀어 가려고 하는 의식 전환 훈련은 꼭 필요하고 큰 결과의 차이를 보입니다. "대충 따라가지 뭐."하는 생각도 습관입니다.

WHY, HOW

저는 미국에 본사를 둔 다국적 컨설팅 회사에 근무한 경험을 가지고 있습니다. 이때 외국인들이 업무를 접할 때 우리와 관점의 차이가 있음을 느낄 수 있었는데 한국 사람들은 "어떻게 일을 처리하지?"라는 생각이 주를 이루는데 그들은 "이 일을 왜 하지?"라는 일을 목적을 생각하는 데에 문화적 충격을 받았습니다. 한마디로 '일하는 방식'이 달랐던 것입니다.

컨설팅 회사에 근무할 당시 자주 사용하였던 사례가 청소부 아주머니 사례입니다. 일본의 한 회사에서 청소부로 근무하던 아주머니는 회사에 중요한 행사가 있어 손님들이 많이 찾아온다고 하여 청소를 열심히 하고 퇴근하였답니다. 그러나 다음 날 아침에 출근한 회사의 사장은 밤사이에 화장실이 더러워져 있는 모습에 화가 나 관련된 업무를 주관하는 총무부서의 관리자들을 불러 혼을 내 주었습니다. 당연히 총무부서의 직원들은 청소부 아주머니를 불러 강하게 질책하였습니다. 하지만 아주머니의 입장에서는 이해할 수 없었습니다. 왜냐면 본인은 회사의 청소 업무 규정에 있는 대로 일을 했기 때문입니다. 회사의 청소 규정은 하루에 3회 청소를, 아침 10시, 오후 2시, 오후 5시에 하기로 되어 있었습니다. 아주머니는 전날 손님들이 많이 온다고 하여 평소보다 더 열심히 청소하고 퇴근하였는데 도리어 욕을 먹는 상황이 되고 말았던 것입니다.

이는 누구의 잘못인가요?

이는 회사의 일하는 방식에 잘못이 있었던 것입니다. 어떻게 할 것인가? 즉, HOW에 초점을 둔 업무였기 때문입니다. WHY에 초점을 둔다면 아주머니는 하루에 3번의 청소보다는 근본적으로 화장실의 청결도를 높이는 데 집중했을 것입니다.

이후 회사에서는 청소부 아주머니에게 청소의 횟수가 아닌 청결도를 유지하라는 업무 지시를 내렸고 업무의 관점 차이로 아주머니에게는 큰 변화가 생겼습니다. 청소의 횟수보다 청결도를 높이는 데 초점을 두었고 그러다 보니 화장실의 밝기를 높이고, 바닥도 깨끗한 재질을 사용하여 더럽히지 못하게 하였으며, 깨끗함을 유지할 수 있는 다양한 문구가 담긴 액자들을 비치함으로써 화장실의 청결도를 높일 수 있었습니다. 결론적으로 아주머니의 일의 양은 도리어 과거보다 줄어들었으며, 결과도 과거와 큰 차이를 보였습니다. 화장실 이용자들의 만족도가 매우 높아진 것입니다. 관점의 차이로 인하여 이른바 '자율에 따른 창의와 혁신'이 이루어진 것이지요.

최근 사이먼 시넥(Simon Sinek)이라는 강사가 '골든 서클(Golden Circle) 이론'을 주창하고 있는데 생각을 할 때 '왜(WHY)'부터 생각하고 그런 다음 '어떻게(HOW)', '무엇을(WHAT)'을 생각하라는 이론으로 주목받고 있습니다.

어떠한 상황에 부딪혔을 때 "어떻게 처리해야 하지?"라는 생각에 앞서 "왜? 이런 상황이 벌어진 것이지?"라는 근원적인 생각은 숨겨진 많은 것을 볼 수 있는 좋은 방법입니다.

지능 역량을 개발한다는 것은 매우 어려운 작업입니다. 하지만 위에 언급한 생각의 관점을 바꾼다면 좋은 결과를 만들 수 있습니다.

3

동기 개발

성취동기는 모든 사람이 지니고 있으면서 또한 개인의 성장과 발전에 가장 중요한 역량입니다. 성취동기는 열정을 가지고 노력을 멈추지 않은 사람들을 말하는 것으로 이들은 뭔가 일을 시작하면 끝을 보이는 경향을 보이는데 보통 등산을 할 때 정상을 밟고 오는 사람이 있는가 하면 중도에 포기하는 사람들이 있습니다. 성취동기가 높은 사람들은 정상에 올라 성취감을 즐깁니다.

성취동기를 개발하기 위해서는 첫 번째 목표를 수립해 보십시오. 그리고 수립된 목표 달성을 위해 끝을 보는 습관을 만들어 보십시오. 그러기 위해 달성하기 힘든 목표는 지양하시고 편안하게 달성할 수 있는 목표를 수립하고 실행해 보는 것입니다. 성취 체험을 해 보라는 것입니다. 작은 성공 체험은 큰 체험을 도전하게 하는 힘을 만들어 줍니다.

목표는 타인들과 함께하는 것이 아닌 혼자서 할 수 있는 목표를 수립해야 합니다. 여행을 가더라도 친구들과 가지 마시고 혼자서 가는 여행을 고민해 보십시오. 물론 친구들과 같이 가면 재미는 있을 수 있습니다만 세운 목표가 무너져 버려 이도 저도 안 되는 상황이 될 수 있습니다.

가볍게 꿈을 꿔 보는 것입니다. 울릉도와 독도 여행을 생각해 보십시오. 독도를 탐방하고 성인봉 정상을 정복한 후 나리분지를 둘러보는 것입니다. 철저히 혼자서, 일정을 명확히 하고 그대로 움직여 보는 것입니다. 돌아와 얼마간의 시간이 지나면 성취근력을 키워 주는 자산이 되어 있을 것입니다. 이런 경험을 기반으로 서울 둘레길, 지리산 둘레길 등의 트래킹 코스도 도전해 보는 것입니다.

그런 다음 요즘 유행하고 있는 스페인의 '산티아고 가는 길'을 생각해 보십시오. 이 순례자의 길은 국내 코스와는 비교가 되지 않는, 프랑스와 스페인 북부 800여km를 걷는 대장정입니다. 철저히 준비해야 합니다. 많은 정보가 필요하고, 언어도 되어야 하며, 특히 체력이 되어야 합니다. 한 달을 걸어 마지막 여정인 '산티아고 데 콤포스텔라 성당'에 도착했을 때의 기분은 어떠할까요? 이렇게 혼자서 뭔가를 일구어 내며 성취력을 키워 나가는 것입니다. 실제로 산티아고 가는 코스는 혼자서 오는 분들이 많습니다.

학생들 같은 경우에는 방학을 이용한 국토대장정 코스가 있는데 이런 성취도전을 추천드리고 싶습니다. 육체적인 고통을 이겨 내고 이루어 낸 성취는 자녀들의 성장에 매우 좋은 자양분이 될 것입니다.

스포츠 종목에 도전하시고 싶다면 다른 분들과 함께하는 운동보다는 혼자서 가능한 마라톤, 골프, 볼링, 테니스, 탁구 등에 도전하여 보십시오.

팀으로 진행되는 축구, 농구 등의 스포츠는 동료들과 같이 하게 됨으로 개인적인 성취감을 느끼는 것과는 다른 관점이 되며 이러한 팀 운동은 타인과의 관계력 훈련에 도움이 됩니다.

관계동기를 개발하기 위해서 타인들과 관계가 좋은 사람들과 같이 어울려 보는 것이 매우 좋습니다. 그들이 하는 모습을 보며 마음에 드는 행동을 따라 해 보는 것입니다. 그들의 행동은 대체적으로 정서가 안정되어 있고, 왠지 모를 따뜻함이 있습니다.

이들은 대화할 때 본인 중심이 아닌 상대방에 중심을 두는 대화를 많이 합니다. "요즘 잘 지내지?" "얼굴이 핼쑥해졌는데 무슨 일 있었던 거야?" "최근의 발생한 일로 상심이 크겠네?" 등의 말을 하는데, 대화할 때 주요 이슈가 상대에게 있음을 알 수 있습니다.

반대로 자기중심으로 대화를 끌어가는 사람들이 있는데 "내가 요즘 상황이 안 좋아." "이런 상황은 나를 정말 힘들게 하는 것 같아."

"우리 이번에 여행을 한번 갔으면 하는데." 등의 표현은 나의 관점에서 대화가 이루어지는 장면입니다.

나 중심의 대화기법을 '아이-메시지(I-Message)' 기법이라고 하고 상대방에 중심으로 두는 대화기법을 '유-메시지(You-Message)' 기법이라고 합니다.

유-메시지 기법은 대화의 중심을 상대에게 두는 대화기법으로 "어머, 많이 힘들었겠구나?" "많이 답답했겠네." "얼마나 서운했니?" 등의 표현으로 힘들고, 답답하고, 서운한 상대에게 위로해 주고 공감해 주는 표현입니다. 상대적으로 "고맙습니다." "감사합니다."라는 표현은 아이-메시지 표현입니다. 내가 고맙고, 내가 감사하다는 표현인 것이지요. 이렇듯 우리가 무심코 사용하는 대화에도 관점이 있다는 것을 알 수 있습니다.

아이-메시지(I-Message)	유-메시지(You-Message)
"나는 나의 아들이 학교에서 돌아온 후 숙제는 하지 않고 집 안을 어질러 놓고 게임만 하는 모습에 참 속상해."	"나는 나의 아들이 학교에서 돌아온 후 숙제는 하지 않고 집 안을 어질러 놓고 게임만 하는 모습에 '얼마나 답답하면 이랬을까?' 생각했어."
말하는 이(화자) 중심의 대화	듣는 이(청자) 중심의 대화

아동 발달 이론에서는 아이-메시지 기법은 본인의 의견을 전달할 때 매우 유용하게 활용되는 기법으로 소개되며, 유-메시지 기법은 주로 상대를 혼낼 때 쓰는 기법이라고 말하기도 하는데 "너는 왜 그 모양이니?" 등의 표현은 매우 부정적인 표현이기도 하죠. 하지만 유-메시지를 부정의 단어에서 긍정의 감정으로 바꾼다면 상대의 공감을 수용하는 효과적인 기법으로 매우 유용합니다.

- 서운하셨겠습니다.
- 실망스러우셨겠습니다.
- 많이 답답하셨겠네요.
- 결과에 몹시 화도 나시고 자존심도 상하셨다는 말씀 아니십니까.
- 배신감까지 드셨던 모양입니다.
- 억울하고 분하고 원통하셨단 말씀이시죠.

오늘 한번 위의 단어들을 사용해 보십시오. 어색하고, 뭔가 간지러울 수도 있지만 하고 나면 상대의 반응은 상상 이상일 것입니다. 이런 대화기법을 사용하는 분들을 '공감 수용 능력'이 뛰어나다고 하는 분들입니다. 이런 분들은 상대를 화나게 하는 적이 없습니다.

사람은 기본적으로 내 이야기를 해 주길 원합니다. 나의 상황을 알아주고 나의 감정 상태까지 알아준다면 이보다 고마운 사람은 없죠. 그러면 대화가 끊이지 않고, 상대는 너무나도 좋아할 것입니다.

요즘 제품 하자 등으로 인해 고객만족센터에 전화를 해 보시면 전화를 받은 접객원의 첫마디는 "얼마나 불편하셨어요?"입니다. 상대방의 마음을 알아주는 표현으로 이는 훈련된 모습입니다. 오늘 배우자에게 "그때 그 일로 많이 서운했죠?" 한마디만 해 보십시오. 배우자와의 관계는 바로 더욱 탄탄해질 것입니다. 또한 직원들에게 유-메시지의 말을 한마디 해 주십시오. 그들은 여러분을 무척 따르게 될 것입니다.

관계 능력이 뛰어난 사람들은 대화 시에 말하기보다는 경청을 주로 합니다. '경청(傾聽)'은 상대방이 말하는 정보나 의사에 더하여 감정 상태를 같이 듣는 것을 의미하는데 대화할 때 상대방의 마음의 상태를 같이 듣는다면 풀리지 않을 일은 없을 것입니다.

얼마 전 동사무소에 일이 있어 방문하였을 때 민원인이 고성을 지르며 화를 내는 장면을 본적이 있는데 이때 동사무소 공무원은 침착하게 민원인의 말을 들으며 "많이 힘드셨을 것 같은데, 저라도 그런 상황이면 화가 많이 나겠습니다. 최우선으로 처리하도록 하겠습니다."라고 민원인의 입장에서 대답하는 모습에 놀랐습니다. 아마 정상적인 사람이라면 동사무소 공무원의 이런 공감 표현에 화를 더 내기는 힘듭니다. 이 상황을 조금 더 들여다보자면 민원인이 원하는 것은 공무원이 말한 '최우선으로 처리'하겠다는 민원 사항은 둘째이고 그가 원하는 첫 번째는 화가 나고 답답한 내 마음을 알아 달라는 것이었습니다. 우리네 속담에 "개떡같이 말해도 찰떡같이 알아듣는다."라는 말이 있는데 위의 상황에 맞는 표현입니다. 소리를 지르며

화는 내던 민원인은 "잘 처리해 주십시오."라고 말하며 곧 자리를 떠났습니다.

관계 능력은 결국은 소통에 있습니다. 최근의 소통 이론 중에 최고는 '감성 소통'입니다. 소개해 드린 유-메시지 대화 기법 외에도 여러 방법들이 있습니다만 위의 기법 하나만이라도 꾸준히 사용하신다면 좋은 결과가 있을 것입니다.

제가 몸담았던 헤이그룹이라는 미국계 컨설팅 회사에서는 관계동기를 개발하는 방법으로 동창회 등의 모임에서 총무를 맡아 보는 것을 권하였습니다. 총무는 회원들의 사소한 일까지 챙겨야 하는 자리입니다. 이런 역할의 수행을 통해 어떤 행동이 회원들의 만족을 높이는지 몸소 경험하는 것은 행동으로 관계 능력을 키우는 매우 유용한 방법입니다.

또한 갈등이 있는 동료나 친구들이 있다면 중재자의 역할을 해 보십시오. 갈등의 원인은 거의 소통부재에 있는 경우가 많은데, 역지사지의 관점에서 상대를 이해할 수 있도록 중재하는 과정에서 스스로가 큰 만족감을 느끼게 될 것입니다.

이러한 관계역량은 권력을 유지하는 데 필수조건입니다.

권력동기를 키우기 방법론은 매우 독특합니다.

헤이그룹에서는 고객사들을 위해 다양한 교육 훈련 프로그램을 제공하고 있는데 그중 역량평가에 기반을 둔 '위대한 리더 만들기' 프로그램은 저에게 많은 영감을 주었습니다.

교육이 끝난 후 코치로부터 저의 약점을 보완하기 위한 대안이 제시되었는데 저는 깜짝 놀랐습니다. 기존에 내가 알고 있던 방법론과는 너무나도 달랐던 것입니다. 저에게 제시된, 권력동기를 강화하기 위한 방법론은 아래와 같습니다.

- 비싼 양복을 사 입어라.
- 크고 좋은 고급차를 몰고 다녀라.
- 국내 최고의 헤어숍을 찾아 멋진 헤어스타일을 만들어라.
- 구두를 항상 깨끗하게 닦아라.
- 고급 펜을 사용하고, 넥타이와 허리띠를 최고급만 사용해라.
- 집과 사무실을 고급스럽게 꾸며라.

그러면서 "항상 타인들이 나보다 아래에 있다고 생각해라."였고, 가입된 모임이 있다면 "회장을 경험하라."였습니다. 이건 도대체 무엇을 하자는 것인지 고민했습니다만 곰곰이 생각을 해 보니 이해가 되었고, 저는 실행하였습니다.

돈은 들었지만 비싼 차를 사서 몰았고, 중학교 동창회장과 동네 조기축구회장을 경험하기도 했습니다. 그러면서 지금껏 살아오면서 느끼지 못했던 많은 것을 느낄 수 있었습니다. 비싼 차를 몰았을 때의 그 우쭐함이란 너무나 달콤했고, 회장님, 회장님 소리를 듣는 것도 기분이 좋았습니다. 한마디로 '권력의 맛'은 아주 매력적이었습니다.

국내에서 진행되는 거의 모든 리더십 교육 과정은 개념과 이론을 제공하는 프로그램입니다. 그러나 위의 방법론은 실생활에서의 구체적인 행동을 제시함에 실효성이 높다는 것을 알았습니다. 행동을 하면서 과정과 결과에서 오는 기쁨과 행복의 맛은 그 행동을 또 하게 만듭니다.

면접관으로 활동하면서 리더십을 물어보기 위해 던지는 질문이 몇 가지 있는데 그중 하나가 "귀하는 학창 시절에 반장이나 대표를 해 본 경험이 있는지요?"입니다. 반장을 해 본 친구들은 권력의 짜릿함을 알고 있습니다. 그렇기에 그들은 또 반장에 도전할 가능성이 높습니다. 물론 부모의 욕심에 의해 만들어진 반장이라면 아이는 스트레스를 느꼈을 수도 있지만 반장을 하면서 본인의 의지에 의해 친구들이 움직여 주는 모습에 권력을 맛을 알게 되어 새로운 동기를 일깨우는 계기가 될 수 있습니다.

어렸을 적에 반장을 경험해 본 친구는 학교 대표를 지망하게 되고 학교를 졸업해서도 타인들에게 영향을 행사하며 그들을 리드하고 싶은 위치를 무의식적으로 열망합니다. 계속 '대장질'을 하고 싶은 것입니다. 그러다가 국회의원에 출마하기도 하고 그것이 어려우면 구의원, 군의원에 출마를 합니다.

 권력동기가 강한 사람들은 TV 프로그램을 볼 때 섬뜩한 프로그램들을 선호하며 공포영화, 19금 등의 피를 많이 흘리는 잔인한 내용을 좋아합니다. 스포츠도 복싱이나 럭비 등 강력한 남성적인 운동을 즐기며 타인을 무서워하지 않고 배짱이 두둑합니다.

 세계 최고의 부자인 일론 머스크와 마크 저커버그가 평소에 즐기는 운동이 '주짓수'라는 무술이라는 데에 많은 사람이 놀랐습니다. 그들은 부자이기에 좀 더 고상한 취미를 지녔을 것으로 생각했는데 전혀 그렇지 않았던 것이지요. 삼성그룹의 이건희 전 회장도 자동차, 스키 등의 스피드를 즐기고 럭비를 그렇게 좋아했다고 합니다.

 헤이그룹의 교육 과정에서는 권력동기를 키우기 위해 강력한 격투기, 공포영화, 잔인한 영화 또는 프로그램 등을 시청하기를 권했고, 서바이벌 전쟁 게임 등을 권유하기도 하였습니다. 또한 대화 시에도 본인이 주도권을 지니고 상대를 설득하는 훈련을 제시했고, 정치적, 사회운동적인 모임에 가입하여 일반인들에게 영향력을 행사하는 활동을 권유하고 있습니다.

 착하고, 얌전하기를 원하는 동양적인 유교 사상에는 맞질 않은 교육방식이어서 당황스럽겠지만 세계 최고의 심리연구 기관의 조언이니 조심히 하나씩 도전해 보시기 바랍니다.

에필로그

여러분들은 아침에 눈을 뜨면 가장 먼저 무엇을 생각하시나요?

오늘 무슨 일이 펼쳐질지 생각하게 됩니다.

학생은 오늘 수업 내용이 무엇인지, 직장인들은 오늘 해결해야 할 일들이 무엇인지, 주부들은 오늘 찬거리로 무엇을 해야 할지 등등….

사람은 기본적으로 일이 없는 삶은 꿈꿀 수 없습니다. 물론 죽음을 앞둔 분들은 일이 없을 수 있습니다. 하지만 생존해 있는 모든 사람은 일을 고민하고 일을 실행하며 하루하루를 보냅니다.

또한 아침에 일어나면 사람과의 만남을 생각합니다.

새로 이사 온 옆집 아주머니와 아침에 차 한잔하기로 한 것을 생각하고, 오늘 만나기로 한 고등학교 친구들을 생각하며, 오늘 있을 소개팅을 생각합니다.

만남조차도 일일 수도 있지만 우리는 일상에서 사람과의 관계에 많은 시간을 보냅니다.

알고 보면 우리는 일상에서 거의 대부분의 시간을 '일'이라는 작업에 할애하고 타인들과의 '관계'를 만들어 가는 데 사용합니다.

그래서 인간이 태어나서 필수적으로 해야 하는 것들은 바로 '일'을 하고 '관계'를 맺는 것입니다.

어떤 이는 여기에 '사랑'을 하나 얹어야 한다고 하는데 저는 사랑도 관계의 영역이니만큼 일과 관계, 두 가지로 정리하고 싶습니다.

앞서 설명해 드린 행운이 들어오는 경로로 일과 관계를 말씀드린 바가 있습니다.
우리가 삶을 살아가면서 일과 관계에 가장 많은 시간을 할애하고 있어 운이 들어올 가능성이 높다라고 말할 수 있겠지만 어찌 되었든 운이 여러분들에게 다가오는 길은 일을 하는 과정과 타인들과의 관계가 돈독할 때입니다.

그러나 일과 관계는 흥미롭게도 역량의 핵심이기도 합니다.

저는 앞서 역량을 지능, 성취, 관계, 권력, 네 가지로 설명해 드렸습니다.

일을 잘하기 위해 갖추어야 할 것은, 어디로 가야 할지 무엇을 어떻게 해야 할지 분석하는 지능과 도전적인 목표와 계획을 수립하고 실행하는 성취동기, 목표를 향해 타인들과 함께하고 그들을 이끄는 권력동기를 말할 수 있고, 관계를 잘 맺기 위해선 타인들과 정서적인 공감 능력에 기반을 둔 관계동기가 필요합니다.

즉, 행운을 나에게 오게 하기 위해서는 '일과 관계'라는 역량을 갖추어야 한다는 것입니다.

하버드대학의 매클렐런드 교수는 성공을 위해 필요한 내적 특성인 역량을 발표하였습니다. 하지만 이러한 역량이 성공의 필요조건인 행운과의 상관관계가 있다는 것은 설명하지는 못했습니다.

하지만 '행운이 오는 경로'와 '역량의 핵심'이 같음은 성공을 꿈꾸는 여러분들에게 시사하는 바가 크다고 생각합니다.

역량을 잘 갖추면 운은 저절로 들어옵니다.

여러분들의 성공을 기원합니다.